次期

一教師による学習指導要領への提言

子どもの文脈に立ち返る

齊藤慎一
［著］

東洋館出版社

はじめに

よく言われる言葉に「不易と流行」というものがあります。現代（これからの）社会を生きるために、その時代に求められる資質・能力や見方・考え方といったものが、いわゆる流行です。次の学習指導要領に向けた改訂の議論はまさにこの流行に則ったものが多いと言えます。

一方、不易とは何でしょうか。いつの時代にあっても変わらない教育の本質、それこそが不易です。それは多種多様で人によって解釈が異なることが多いかと思います。しかしながら、それらに共通していることがあります。それは「その子が学ぶ」という点です。時代によって主体性、子ども中心、自ら学ぶなど、言い方は様々に変化してきましたが、その中身は変わりません。**その子が自分の力で学びを進め、時代を切り拓く力を身に付ける**ということです。新学習指導要領においても、この本質は変わらないどころか、むしろこうした力はますます必要とされると強く感じます。

現在の教育界は、まさに変化の節目の時代を迎えています。それは子ども主体の視点で言えば、教師主導の学びから子どもが学びを進めることに教師自身の意識が変化しつつあるということです。教育の本質に向けて、教師自身の意識に変化が起き始めているというわけです。それは目には見えませんが、確実に土の中で根を張りつつある大切な教育の希望です。

一方、こうした変化の節目には、我々教師の周りに実に多くの新しいキーワードが登場します。ウェルビーイング、エージェンシー、自由進度学習、個別最適な学び、教育ＤＸ…。そして、これらの解釈と具現化を巡って多くの実践と研究が行われます。ただ、履き違えてはいけないのは、**これらのキーワードは「その子が学ぶ」という教育の本質と切り離してはいけないということです。**そのキーワードを追究するうちに、気付いたら言葉が独り歩きしていたり、単なる言葉遊びで終わってしまったりするのでは、結局は何も変わらないままです。

例えば、個別最適な学び、自由進度学習といった言葉が近年、多く聞かれるようになってきました。これらの指導法自体は奥深く、非常に優れたものであると感じます。しかし、「こうすればよい」と方法をただ当てはめるだけでは、「その子が学びを進める」という本質にはたどり着きません。「何のために」「どうして」、その形に至ったのか」といった、その方法論の裏側に隠された「意味」を捉えなければ、ただのマニュアル、方法の押し付けで終わってしまいます。新しいキーワードが先に存在するのではなく、「その子が学びを進める」という本質が先にあるわけです。そこで、学習指導要領の改訂に向けて、新しいキーワードと教育の本質がどのように結び付くのか、その視点を読者の方と一緒に考えたいというのが、本書の目的です。

また、本書の特徴としては、教師行動を支えている教師の心の内面、価値観（教育観）に焦点を当てます。これまでも子ども主体の学びの重要性と意味は伝えられてきました。しかし、実際に授業を行う教師の教育観が「子どもは教師が指示を出さなければ学ぼうとしない」「授業とは教師が知識を伝達する場である」といった伝統的学習観のため、実現が難しかったのではないかと感じています。内実は子ども主体は難しいと感じつつも周囲の目を気にして、とりあえず「こうすれば子どもは自ら動くようになる」という一般化された手立てが盲目的に取り入れられる傾向にあります。こうして、表面的には子どもが主体的に学んでいるように見せかける**「主体的にさせられた授業」**が誕生することになります。この場合、教師が心から信じて取り入れているわけではないので、周囲の目がなくなり次第、再び指示を出して子どもに教授する学習に戻ってしまいます。

そうは言っても、実際に授業を進める教師にも不安があるのも確かです。ある学校を対象に、どういった不安があるのかを調査したことがあります。

・子どもに任せて指導事項が押さえられるのか
・主体性を評価できるのか
・具体的な授業展開がわからない
・理解の難しい子が取り残されるのではないか
・見取りの中身と時間の確保はできるのか
・時間内に学習が終わるのか

これらの現場の不安を無視して「もっと子どもに任せましょう」と言っても、子どもの成長に責任をもつ教師が二の足を踏むのは当然です。これらの不安を土台とし、それらが少しでも解消できる視点を提示したいと思います。

「○○しなければならない」「○○するのが当然だ」という、これまで自身を縛っていた縄をほどき、心を開放しながら、一緒にこれからの教育を考えていきましょう。

2025年3月　齊藤慎一

目次

第2章 教育観の転換こそが急務

第4章 学校文化を変える

諮問より

第1章

教師自身の主体性

提言1

教師自身が主体性を取り戻す

①積極的な「受動的教育者」

これまで多くの教師と接する中で、皆さん、非常に真面目で学ぶ意欲に溢れているなと感じています。研修会に出かけたり、同僚と授業について語ったり、今はオンラインで勉強会に参加したりと、それぞれが自分に合った方法で学ばれています。「教職はブラック」と言われる中で、時間をつくって学び続ける姿。こういった教師の積極性と真面目さに日本の教育は支えられていると心から思っています。

また、教師は大変素直な方が多いと感じます。新しい方針や指導法など、誰かが発信したものを自分の授業に取り入れようと懸命です。このこと自体、私は非常に尊いものだと感じています。ですが、真面目で素直であるがゆえに、言われたことをそのまま受け止めてしまう方も少なくありません。人間の脳は整理されていない、不確実な状態を嫌います。自然と整理され見通しがもてるものにしようと働くわけです。そうなると、誰にでも共通する一般化された視点を求めるようになります。

この一般化したい心理が働くと、「(ただ) 問いを子どもがもてばいいんだな」「子どもに選択の機会を与えれば子ども主体なんだ」と解釈し、安心感を得ようとします。しかし、これは非常に危険なことでもあります。

例えば、同じ中華料理でも本場中国と日本では味付けが異なります。日本人の舌に合うように味付けを変えるわけです。授業も同じです。他からの知識として「これが大切だよ」「こうすればいいんだよ」と言われ、それをそのまま目の前の子どもに提供したのでは、味付けが異なっている可能性があります。誰かが主張していることは、その教師が目の前の子どもにとって最適と思った形に変えて提供しているのに、それが全ての子どもに当てはまると勘違いしてしまうのです。その方法にはどういった意味があるのか、自分の教育観とのズレはないかといった吟味や批判的な思考を働かせることなく、受け身の姿勢になっている可能性があります。

このように勉強熱心ではありますが、惜しいことに学んだ知識や方法の意図や意味までは考えず、素直に授業に取り入れようとする教師を私は**「積極的な受動的教育者」**と呼んでいます。

②能動的教育者への変革

では、どうすればよいのでしょうか。答えは簡単です。積極的な受動的教育者から、積極的な能動的教育者へ意識を変えればよいのです。受動的というのが、先程の通り「素直に全てを受け入れる」ですので、能動的というのは「批判的に立ち止まって考え、自分に合う形で取り入れる」になります（決して「素直にならず、全てを受け入れない」ではありません）。

この批判的思考は、近年になって注目されるようになった視点です。それより昔は、教師の言うことが正しいのだから、それらを何も考えずに素直に受け入れればよいという教育でした。もしくは「素直な子こそがよい子である」といった周囲からの条件付けによって、意味を深掘りするのではなく、ただ受け入れる人間にさせられてきた側面もありました。こうした教育をそれこそ素直に受けてきた我々教師ですから、受動的教育者になってしまっても仕方のないことだと言えるでしょう。

しかし、今、「教育者」という言葉自体の意味が変化してきています。これまでは「教育者＝知識を与える者」という意味でした。ところが、今は「教育者＝子どもの学びを支援する者、共同探究者」という立ち位置です。子どもが資質・能力を自ら獲得するための環境を整えることが教師の役割へと変わってきています。さらに、時代は自ら課題を見出し、解決する力をますます求めています。そうでないと、これからの時代を生き抜けないと私は感じます。自ら課題を見出し、解決する力を育てる教育者自身が、課題を誰かから与えられるのを待ち、誰かの知識をそのまま受け入れるという受動的な態度では、教育自体が変わりません。

「こうすれば上手くいく」という一つの正解が重視されていた時代は終わりました。これからは、目の前の子どもの実態、反応を見極め、柔軟に対応できる教育者が求められています。正解は教師の数だけ存在します。だからこそ、**与えられた（学んだ）知識を自分はどのように解釈し、子どもに最適な形で提供するのか。こういった自ら考え、挑戦し続ける能動的な教育者**が求められているのです。

③教師としてどう生きるか

能動的な教育者という心構えが必要であるという話をしました。しかし、ただ「能動的な学習者になってください」と言っただけでは上手くいきません。その心構え＝マインドセットはさらに深い根で支えられているからです。

ここでは、千々布敏弥氏（国立教育政策研究所）が作成した図1を基に説明します。「見える現象」とは教師行動＝実際の指導や手立てのことです。そして、それら教師行動を支えているのが「現象の背景にある要因」、すなわち教育観です（本書では教育観に限定することにします）。さらに、教育観よりも深い所にあるのが「メンタルモデル」と「組織文化＝構造」です。メンタルモデルとは簡単に言うと、「自分自身をどう見ているか」と私自身は捉えています。教師として一人の人間として、どのように生きるのかという話です。生きがい、やりがい、責務とも言えるでしょう。

ではここで、次の質問を読者の皆さんはど

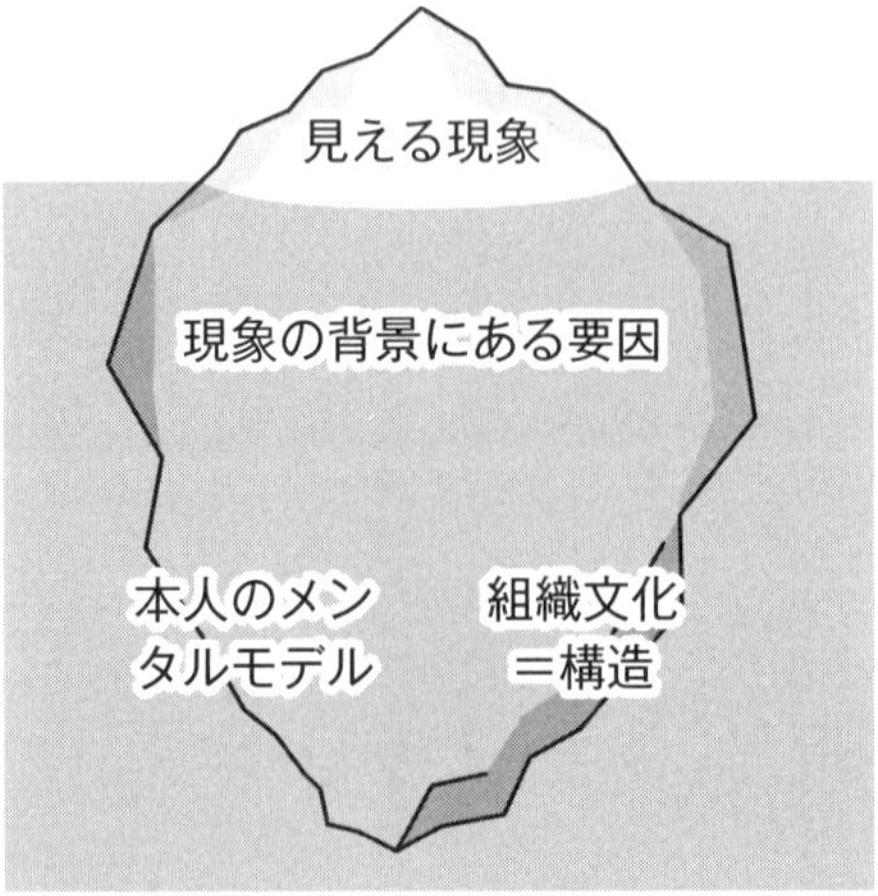

図1　千々布氏の氷山モデル

のように考えるでしょうか。

①あなたにとって教師としての生きがい、やりがいは何ですか？
②あなたはどんな教師になりたいですか？
③日本の教育のために、あなたが成し遂げるべきものは何ですか？

誰かからの借り物の言葉ではなく、あなた自身の心の奥深くにある決意・欲求に基づいてお考えください。かっこいい言葉で表現しようとせず、本当に心から手に入れたいと思っているメンタルモデルになるまで熟考してください。私はいつも持ち歩く手帳の最初のページにペンで大きく自分なりの答えを書き、いつでも読み返せるようにしています（他の人には見られたら恥ずかしいので、見せませんが…）。

例えば、

①子どもの成長ドラマを一緒に歩むことができる。
②誰からも尊敬される教師になりたい。
③日本の教育の困難さを自分が解決する。

どういったメンタルモデルを読者の皆さんはおもちでしょうか。思い描いた姿は、本当に心から手に入れたいものになっていますか。そして、実現できるという自信があるでしょうか。実はこのメンタルモデルは非常に重要で、あなたが成長しようと前進するエネルギーになっています。子どもと同じように大人も**「なりたい自分」に近づいていると感じられるときこそ、行動を起こそうとする強い意欲が湧き上がってきます。**

例えば、「誰にも負けないくらい楽しいクラスを創る」という生きがい、メンタルモデルをもっている場合、楽しいクラスにするためにどうすればよいのかという探究心が湧いてきます。「日本の教育の困難さを自分が解決する」という意思をもっているならば、具体的に何ができるのかを考えようとします。

いずれの場合もきっと新しい知識や概念、指導方法を大いに学ぶことでしょう。そして、それに満足せず、自分なりに意味を考え、適切な形に変えて子どもに提供し、フィードバックを基に考え続けることでしょう。こうやって主体的に意味を再考し、柔軟性をもった能動的教育者に自ずとなっていきます。「能動的に考えることが、これからの教師に大切なことですよ」といった言葉による理解よりも、その教師の内にある願いや止むに止まれぬ強い思いが能動的教育者へと近づけさせます。**「○○せねばならない」ではなく、「○○したい」によって人は動**

くものです。

また、そうやって主体をもった教育者は自らの手で変革することに手応えと実感をもつようになるので、ますます能動的になります。やがて、「自分は自分の力で考え、挑戦する教師なんだ」という能動的教育者観で自らをイメージします。イメージ＝価値観は、その教師の言動に影響を与えるので、改革的で挑戦心に富んだ成長のスパイラルに自らを置くことになります。

④目には見えない学校文化

先程の氷山の図に、組織文化があります。学校には目に見えない多くの文化があります。「みんなで足並みを揃えなければならない」「子どもは静かに座って授業を受けるべきもの」「宿題は毎日出すものだ」「単元の最後にテストを行う」等々、古くから学校に存在しているものです。それらは目には見えませんが、心の奥深くで教師の教育観と深く関わっています。

この文化の難しいところは、組織として守らなければいけないものもあれば、時代や目の前の子どもの実態に応じて変えてもよいものがあり、それらの見極めが難しい点にあります。自分だけが変えようと試みると、周囲から白い目で見られるのではないかという不安もあるわけです。

子ども主体の学びの話を様々な学校でさせていただくと、多くの先生が「単元の最後にペーパーテスト（以下、テスト）を行いますが、それがかえって知識偏重を促しているのだと思います。でも、自分だけがやめるわけにはいきません」と言います。

私も担任時代、同じ悩みを抱えていました。テストを行うということは、「先生はテストの点数が取れること（知っているかどうか）を重視しているよ」という暗黙のメッセージを送っていることになります。「自分で問い続け、自分なりに考えることが大切である」と教えながら、最後はテストで評価したのでは、指導と評価が一致しません。しかし、周囲と足並みを揃えることも必要なので、自分だけテストをやめるわけにもいきません。学校文化とは、それほどまでに強力なものなのです。

周囲と同じことをする学校文化が、「みんなで合わせることが大切だ」という教育観を形成します。学校文化は教育観に影響を与えているわけです。逆も言えます。そこにいる子どもたちや教師の教育観が学校文化を創っているという見方です。

学校文化というものは、その時代に適するもの、自分たちが大切にしたいと思うものによって形を変えていくのが普通です。伝統は形を変えませんが、文化は可逆的なものです。ですから、**子どもたちや教師の教育観が変わることで学校文化が変わっていくことは十分にあり得ます。**

では、どうやって教育観を変えるのか、学校文化はどうやって変わっていくのかというあたりは非常に重要な内容ですので、第4章に改めて詳細を述べたいと思います。

このように教育観を下支えする形でメンタルモデルと、組織文化が存在する構図になっています。まずはこの構図をご理解ください。教育観の詳細については、本書の根幹に関わる部分ですので、第2章に詳細をまとめさせていただきます。

提言 2

目の前の子どもにとっての「意味」を考える

①便利さと情報過多によって本質が見えづらくなった

現代社会はたくさんの便利なもので溢れています。それらは人間の生活向上に合わせて進化、開発されてきたものです。しかし一方で、便利さはデメリットも同時にもたらしています。その一つが**「考える機会が失われること」**です。例えば、カーナビゲーション。これらが開発される前は「目的地までどうやったら早く行けるか」「あの道はこの時間、混んでいるはずだ。じゃあ、こっちの道を使って…」など、自分で考え、最適解を見出してきました。ところが、今はボタンを押せばあとは指示に従うだけです。そうなると、ますます我々人間は考える時間や機会が奪われていってしまいます。

それは教師も同じです。多くの教師にとって、考える習慣が日常的に奪われていることをまずは自覚する必要があります。考えないことが習慣になってしまい、気付かないうちに「誰かの考え方に依存している」ということがよく見られます。特に学校では、それまで受け継がれてきた伝統や文化、風土がありますので、無意識のうちにそれらの色に染まっている場合が多いのです。もちろん、学校ごとに素晴らしい伝統や文化があることは確かですし、それを否定するつもりは全くありません。ただ、時代がこれだけ大きく変わってきている中で、これまでの伝統、文化が本当に今の時代に適しているのかは検討する余地があるでしょう。

ところが、考えないことが習慣化されてしまっている場合、前述したテストによる知識偏重のように、「おかしい」と感じても日常の忙しさの中で流されてしまい、気が付けば大きな文化の波に流されていることがあります。ですから、考えるという習慣をもたず、常に周りに流されてばかりいると、目の前の子どもにとって今、何が必要か、どのように学ぼうとしているのか、そういった文脈を見失ってしまう危険性があります。

現代人は多くの情報の中で生活しています。こちらが欲していなくても、様々な情報が向こうからやってきます。しかも「これが正しい」という形をしてやってくるので、「そうか、これが今の流行なのか」と、素直に受け止めてしまいます。もちろん確かな情報もありますが、間違った情報や「その人」にしか通用しない情報もあります。しかし、そのようなことをいちいち気にしていたのでは、この情報過多の世の中で生きていけません。我々は自分で考えるのではなく、誰かの思想にそのまま乗っかったほうが楽な生き方に知らないうちになってしまっています。

それは、教育界でも同じです。多くの教育関係者や教師がメディア・SNSで様々なことを主張したり、多くの書籍や論文がそれぞれの観点から「子どもはこうすれば自ら学ぶようになる」と言ったりしています。また、学習指導要領も同様に、多くの情報量をもって提示されています。こうした情報に対して、各々の教師が判断するだけの時間的、精神的余裕がないこと、さらに、日常的に誰かの判断に任せてしまっている状態が続いているなどの理由から、それらを咀嚼せずにただ受け入れることが続いてはいないでしょうか。そうなると、表面的なことばかりに目が向き、肝心の本質が見えなくなってしまいます。

そもそも情報とは、それによって人間が支配されるのではなく、人間が自身の考え方や信念、期待する姿を実現させるために補助的に用いるものです。様々な情報を入手し、咀嚼して自分に合った形に変えて使うものです。様々な情報に踊らされ、受け身になってそれらを取り入れるのではなく、それらを能動的に活用する**「教師の主体性」**が求められています。

②自らに問い続ける

では、このような環境の中で、我々教師は何を考えればよいのでしょうか。

教師が生み出す問いは、大きく二つに分かれると私は考えています。

①方法に関する問い、②意味に関する問いです。①方法に関する問いは、例えば「子どもたちが教師の話を聞くためにはどうすればよいだろう」「復習の時間に何をするか」など、具体的に何をどうするのかに関する問いのことです。②の意味に関する問いは「主体性はなぜ今の時代に必要なのか」「この教材をもってくる価値は何か」など、根拠や概念形成に関する問いです。

もちろん、①と②は重なる点も多くあります（図2）。

学校現場では、①の問いは同僚や自分自身が教育活動を進める上でごく自然に生まれてきます。しかし、私が

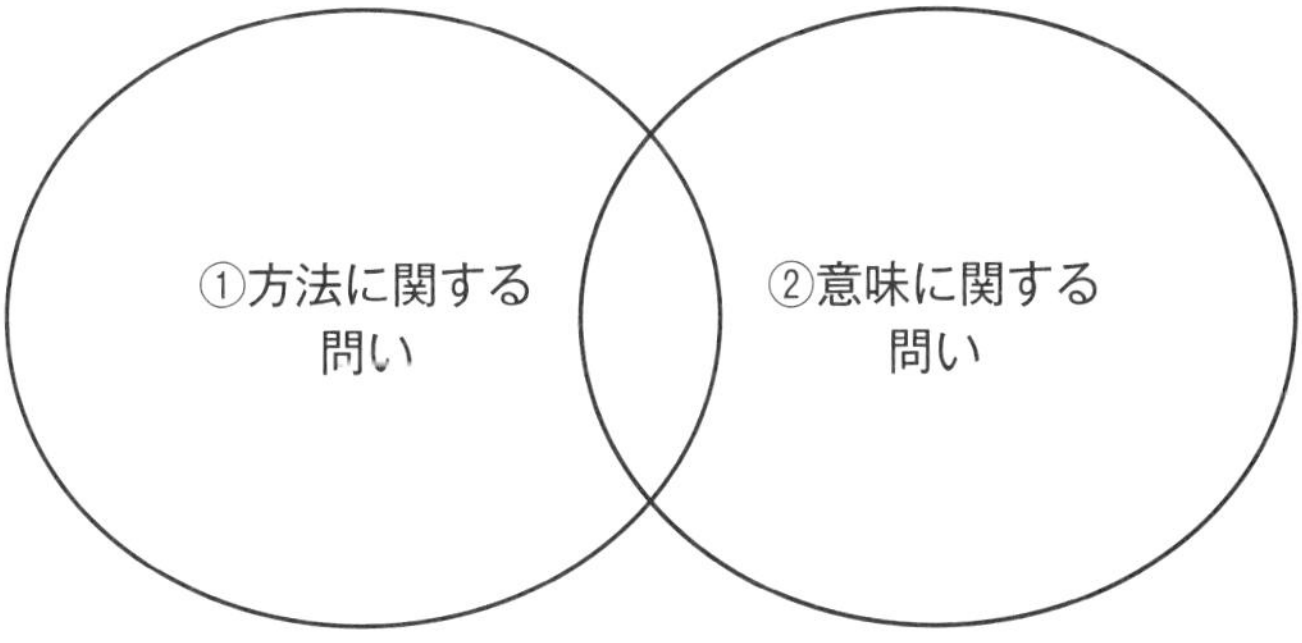

図2　教師の抱く問い

問題にしたいのは②の問いです。情報過多の中で教育の本質に関わる部分に目を向けるためには、②の問いが必要です。ただ、この②の問いはなかなか目を向けることが難しいものです。意味を考えなくても、前例踏襲で学習指導や校務分掌は進められるからです。だからこそ、意図的に「意味を問う」ことをしていかない限り、日々の忙しさに流されるだけになってしまいます。流れの中で一度立ち止まり、自問自答を繰り返す中でこそ、教師はその内面から鍛え上げられるのです。

意味を問うことは、自分自身と向き合うことですので、ゆっくり考えられる時間が必要です。しかし、日々の忙しさの中では、どうしてもこういった自分と向き合う時間は流されてしまいます。そこで、例えば帰りの電車の中など、ゆっくりと思考を巡らせる時間を意図的に確保してみてはいかがでしょうか。もしくは、仕事の合間に同僚の先生と気楽に話し合ってみるのもよいかもしれません。「意味を問う＝本質に目を向ける」ことは、思考の習慣によって可能になります。

提言3 これまでの当たり前を捨てる

①すぐに答えが出ないからこそ心が育つ

時代の変化とともに、ＡＩが私たちの日常の一部になってきました。生活をしていて何かわからないことがあれば、スマホを取り出して検索すればすぐに答えが出てきます。また、最近ではChatGPTも現れ、キーワードを入力すれば、それにふさわしい文章も考えてくれます。このような生活に慣れると、我々の考える時間はますます短くなり、「考える＝すぐに答えが出てくる」という思考が習慣になっていきます。さらに、その答えも一つに絞られていることで、安心感が得られるというわけです。

しかし、これだけ社会が複雑化、多様化する中で、私たちの周りには答えがすぐに出なかったり、複数の答えが存在したりする場面があります。例えば学校内だけでも、子どもに全て任せるのか、それとも教師が教えるのか、点数が全てなのか、それとも学びに向かう姿が大切なのか…。ちょっと考えただけでも、たくさんあることに気付きます。その中で、すぐに答えを出そうとすると、そこにまた新たな問題が生じます。

私はそういった問題に対しては**「どっちつかずの状態に耐え、考え続けること」**が大切であると感じます。安易に結論付けようとしたり、誰かの意見を鵜呑みにしたりすることで安心感を得るのではなく、自分なりに考え続けます。そうすると、葛藤の中に自分自身が大切にしたいことが見えてきます。例えば、先程の「子どもに任せるか、教師が教えるか」についても、様々な意見を聞きながら考え続けます。すると、「大切なことは、どちらの方法を選ぶことではなく、その子が自分で歩もうとするときに、教師として私はどうあるべきかなんだ」という考えに至るでしょう。葛藤すること、すなわち悩むことは決して悪いことではありません。悩むからこそアンテナ高く、様々な情報に触れることができますし、悩むからこそ自分自身の内面と向き合うことができます。こういった時間によって、教師としての信念が磨かれます。信念をもった教師は方法ではなく、その場で起きていることや教育そのものの本質に目が向くようになります。

また、考え続けることには常に柔軟性が求められますので、様々な問題に対して多面的な見方が鍛えられます。その鍛えられた目をもって教育や子どもに向き合うとき、これまでとは違う、その子のよさに気付くことができます。

とはいえ、世の中の流れが速すぎるため、そういった悠長なことは言っていられないという現実もあります。また、曖昧な答えに対しては、白黒はっきりさせてほしいという気持ちもわかります。すぐに結果を出すことや白黒明白にすることが当然という風潮が学校に降りかかってきているので、教師は追い込まれてしまうのです。

そもそも、子どもが育つということは時間がかかる話です。また、子どもが育つことに正解はないのですから、**曖昧さはあって当然なのです。**どちらかの道を選択しなければならず、選択したとしてもそれが100％正しいなどということはなく、デメリットも見えてくるわけです。それでも教師や子どもができることは、上手くいかないことも含めてそれらを受け止め納得解を見出すことです。全てが白黒はっきりつけられるものばかりではないからこそ、葛藤の中で子どもも教師も心が磨かれ、人間性が豊かになっていくのです。

②型を守りつつ、型を破る

「子どもに学び方を選択させれば、子ども主体の授業になる」と考え、毎回毎回、子どもに選択させる。結果、子ども自身も飽きてきて「どうせ自分で選べるんだ。だったら仲のよいAちゃんと一緒に楽しく会話しながらやろうっと」となっていませんか。もしくは、「これまでの授業で上手くいっていたのだから、あえてリスクをとる必要はない」と言って、これまでの方法から脱却できずにいることはないでしょうか。

こういった授業になってしまう原因はなんでしょうか。それは教師が「この方法がよい」と授業を画一化し、型に当てはめようとすることにあります。教師は1日に何時間も授業を行いますし、小学校であれば毎日様々な教科を教えなければならないことから、どうしても画一化しなければ、やっていけません。もちろん自分の授業が形骸化していることを感じている人もいますが、多忙感の中で画一化に舵を切ってしまうわけです。

型があることは決して悪いことではありません。ある程度、先が見通せるという安心感が得られますし、画一化することで子どもたちも流れがわかるというメリットがあります。ただ、私が伝えたいことは**「型に固執してはいけない」**ということです。複雑な社会状況の下、多様性が求められる学校教育の中で、これまでの方法が子どもたち全員に通用するとは限りません。教師も（この社会と同じように）速いスピードで変化しなければならないのです。

例えば、「自由進度学習を取り入れる」として、全員が自分で学びを進めることだけを切り取り、無条件に真似をしたのでは、そこに適合できない子どもも出てきます。「私は先生に丁寧に教えてもらいたい」という子どももいてよいわけです（実際にそういう子どももいます）。

それなのに、型だけを真似し、自分の力で何とかすることだけを押し付けられたのでは、そういった子どもの願いは無視されてしまいます。そこで、同じ教室内でも一部では一斉授業を行い、一部では自由進度学習を進めるといった、型を破る授業も考えられます。そうすれば、自分の学び方に合った方法を子ども自身が選ぶことができます。「何をするか」ではなく、「何が起きているか」に着目することで、そのための方法が見えてきます。

型があることで、かえって変化の足を引っ張っている可能性があります。これまで読者の皆さんが時間と労力をかけて培った型ですので、大切に守ってほしいと思っています。ただ、そこに少しだけプラスαをしませんか。例えば、これまで通りの授業展開の中で、「解決方法は選べるようにしよう」「振り返りの視点は子どもが考えるようにしよう」など、「ちょっとした変化」を加えてみてください。全ての時間でなくてもよいと思います。1日のうち「この1時間は」という授業を決めるのもよいかと思います。

そもそも変化というものは、最初は小さな波です。その小さな波が繰り返し起きると、やがて大きな波に変わります。ですから、最初から大風呂敷を広げ、大きく目に見える変化を求めるのではなく、**ちょっとした小さな挑戦を繰り返すこと**が大切です。一歩ずつの小さな積み重ねが、気付けば新しい自分の型になっていきます。

提言4　子どもが恩恵を受けられる働き方改革を

①時間をかけるべきところを見極める

「働き方改革」という言葉が随分浸透してきました。私は働き方改革については大賛成です。しかし、なかなか思うように進んでいないのが現状でしょう。また、労働時間だけの問題ではなく、いじめ、不登校、保護者対応など複雑な問題が山積していることから、教師の「多忙感」が改善されないことも問題であると感じます。

ここで、何のために働き方改革を行うのか考えてみたいと思います。それは、教師自身の心身の健康の確保ももちろんですが、それ以上に教師としての力量形成やそれがもたらす子どもの成長が期待できるからです。「もっとよい授業を目指したい」「指導力を高めて、子どもたちを幸せにしたい」「学び続ける教師でいたい」とほとんどの教師が願っています。そのために、自ら学ぼうと行動を起こす姿もたくさん見られます。こうした教師の真摯な気持ちに寄り添い、学べる環境を整えるために、時間と労力をどこにかけるのかを明確にしましょうというのが、働き方改革であると考えています。もちろん、それによって子どもたちが学ぶ楽しさを感じ、学校に来ることに幸せを感じられるようになることも期待しています。

働き方改革は、一朝一夕で進められるものではありません。時間がかかる話です。また、教員だけでなく、管理職や行政も一緒になって進めなければならないものです。教師の熱意に応えるため、そして、子どもと教師の幸せ（ウェルビーイング）のために、学校関係者みんなで前向きに知恵を出し合っていきたいものです。

例えば、本校では通知表の1・2学期の学校所見をなくしました。代わりに日頃から子どもをじっくりと見取り、その様子を保護者へ面談で伝えるようにしました。すると、教師の心の内に余裕が生まれ、子どもたちの話をじっくり聞いたり学年内で相談したりする姿が多くなってきました。ここでの本質は、子どもや保護者と実態を共有したり今後のことを考えたりすることです。このように、「何のための取組なのか」を考えれば、より効率的にできる方法や目的達成につながる別の方法が見えてきます。

②教師に心の余裕があるからこそ、子どもに任せられる

「子どもの成長のために働き方改革を行う」と述べました。その具体例の一つとして、教師の心に余裕があることが、子ども主体の学びにつながることを説明します。

例えば、子どもに学びを任せたのだが、どうも手が止まっているとします。教師の心に余裕がない場合、「あの子はやっぱり、できていないな」とか「さっさと教えてあげよう」などと考えがちです。外から見える「手が止まっている」という事実だけを判断材料にしてしまうため、「止まっている（事実）→教師が動かさなければならない（判断）」という流れになってしまうのです。

一方、教師の心に余裕がある場合、「あれ？　あの子はここで困っているのか。でも、自分で進めたい気持ちはあるのだろう。今、どういった支援をすればいいかな。それとも、もう少し見守っていたほうがいいかな」と考えることができます。外から見える「手が止まっている」という事実から、「自分で進めたい気持ちはあるのだろう」「どうやって解決しようと思っているのだろう」など、その教師なりの**解釈**を加え、それを基に教師行動を決定します。

教師の心に余裕がない場合　事実→判断
教師の心に余裕がある場合　事実→**解釈**→判断

実はこの解釈が子どもの見取りでは非常に重要です。働き方改革をすることとは、教師の心に余裕をもたせることであり、それがゆくゆくは子どもが自ら学ぶことや豊かな子ども理解につながっていくのです。

③マニュアル化できるものとできないものを整理する

2年生の実践です。生活科で竹とんぼを作ることを学年で確認しました。次に教師は、「子どもはきっとそれを飛ばしたくなるだろう。そのためには、広い公園だったら思い切り飛ばせるのではないか」と考え、単元の最後に生活科見学を位置付けました。その結果として、実際に行く日程が決まりました。ただ見学することを目的とした場合、子どもたちにとっては「連れて行ってもらった生活科見学」ですが、自分たちが叶えたいものがあり、そのために行くのであれば、それは「生活科見学に自分たちで行くんだ」という捉えに変わります。このような捉えにするためには、子どもの実態を把握することから始め、単元計画の中のどこに生活科見学を位置付けるのかを考えます。この部分は、目の前の子どもたちによって異なるので、決してマニュアル化できないわけです。一方、しおりのレイアウトや内容項目、移動時間などは例年通りのものを採用しました。

現代の教育現場が直面する画一化の波を乗り越え、自分なりの考えをもつためには、**その活動の「意味」を考えることです**（前述した問いの②です）。「何のために行っているのか」「なぜ、その教材なのか」「問いをもてれば、子ども主体の学びと言えるのだろうか」といった具合です。このAI時代にあって、画一化の波に流されないようにするためにも、マニュアル化できるものはマニュアル化し、本当にじっくり考えるべき内容については時間と労力をかける。そういった働き方が求められています。

例えば、学年便りも昨年のものが使えるのであれば、そのまま引用します。もっと言えば、同じ内容であれば学校便りとして全学年一覧で見られるようにします（実際に本校はそのように変えましたが問題ありません）。その分、子どものノートをじっくり見る時間に使ったり、職員室では授業についての会話が増えたりしています。

④教科書の内容を終わらせる／子どもに力を付けさせる

私たち教師は、単に教科書に書かれている内容を終わらせようとしているわけではありません。先に高めたい力（目指す子どもの姿）があり、教科書を通して、それを具現化しようとしているわけです。教科書の内容を終わらせるだけであれば、指導法をマニュアル化し、最も効率的に学べるであろう方法で教えればよいわけです。その場合、教科書の内容は終わるかもしれませんが、子どもに力が付いたかどうかは二の次です。

一方、子どもに力を付けさせるために教科書を活用している教師は、年間の単元配列のうち、どこに重点を置くのかをよく考えます。もちろん、教科書の内容を終わらせることは必要ですのでそこは外せませんが、他教科等や行事と関連付けることで、さらに深い学びができないものかと考えています。つまり、「比重の置き方を変える」わけです。

前者の教師にとって最重視するのは時数であり、計画通りに終わらせることです。それに対して、後者の教師は（時数ももちろん見ますが）目の前の子どもが力を付けることです。誰かが決めた計画にそのまま従うのではなく、クラスの子どもが成長するために、全体を俯瞰的に見ながら力点をどこに置くのか、自立的に考えています。結果的にこれこそがカリキュラム・マネジメントになっています。

ここまで、働き方改革について述べてきました。教師が心身ともに健康であり、心にゆとりがあることこそが、子どもにとってもよい「教育環境」であることは確かです。そのために「本当に大切なことは何か」を学校、行政、保護者みんなで真剣に考え、各々ができることの具体策を出し合うことが今求められています。

第2章

教育観の転換こそが急務

提言 5

自身の教育観を見つめ直す

①我々は常にフィルターを通して物事を見ている

我々が物事を考える場合、必ずそこには「こうあるべき」「これが当然だ」というフィルターがかかっています。このフィルターこそがその人の価値観です。価値観はその人が生まれてから今日までの経験や文化に大きな影響を受けています。教師の場合、このフィルターは教育観という言葉になります。自分が学生のころに受けてきた授業のイメージもしくは、教師として働き始めたころに心に強く残っている経験が、無意識のうちに今の教育観になっているかもしれません。この教育観によって、その後の解釈や教師行動に大きな違いが生まれます。

例えば、A先生は「子どもは自分の力で考え、伸びようとするものだ」と考えているとします。一方、B先生は「子どもは大人が指示を出さなければ動かない」と考えているとします。ある日、授業中に一点を見つめてじっとしている子がいました。A先生は「あの子は今、じっくりと考えているに違いない。もう少し様子を見よう」と考え、待つことに専念しました。一方、B先生は「動きが止まっている。指示を出してすぐに行動を起こさせなきゃ」と考えるかもしれません。この場合（どちらがよい／悪いという問題ではなく）、同じ事象を見ているのですが、**教育観の違いによって解釈の仕方が異なっている**というわけです。

現在、学習指導要領の改訂に向けて、多くの素晴らしい実践と研究が積み重なっています。しかし、いくら素晴らしいものであったとしても、それらを受け取る我々の教育観によって、見え方が変わってしまいます。肯定的に受け止める方もいれば、もしかしたら、否定で終わってしまう方もいるかもしれません。私は全てを肯定的に受け止めてくださいとは言いません。教育観が違っているからこそ、学校には様々な考えをもった教師がいて子どもは学びが深まるのです。ただ、せっかく研究者や実践者が時間と専門的な知識をもって積み重ねてきたものを、全面的に否定するのはもったいないなと思うのです。自分の見ている世界（教育観）が全てではなく、他の人にはまた違った見え方をしているということを自覚することから、変化は始まります。

フィルターを外すということは、現実的に不可能のように思います。だとしたら、フィルターそのものを変えていくほかありません。それは「自分の見える世界＝価値観」を転換することです。価値観は人の内面の奥深くにあるので、普段はなかなか意識できません。だからこそ、本書を通して考えるきっかけをつくり、意識をしてほしいのです。まずは読者の皆さんがどんな価値観をもっているか見つめ直してみてください。

※教育観の定義は様々ですが、私は子ども観や授業観、学力観などを総称したものを教育観と捉えています。

②心が先、行動はそのあと

C先生は、「授業中、指名されたら立って発言をするのがよい」という教育観をもっているとします。そうすると授業中、指名されたのに座ったまま意見を言おうとする子に「きちんと立ち上がって話しましょう」と伝えることでしょう。一方、D先生は「大事なことは何を言うかであって、立って話そうが座って話そうがそれは関係ない」という教育観をもっているとします。すると、座って話をする子にD先生は何も言いません。このように、教師の教育観が異なれば、そこから表出される教師行動も異なってきます。

それなのに、「立って話をするという学習規律を徹底しましょう」と指導法（手立て）を先に提示し、全ての教師にそれを徹底させたとしても上手くはいかないでしょう。きっと、「座って話してもよいのではないか」という教育観をもったD先生は受け入れられません。「学習規律は何のためにあるのか」「子どもが学ぶことと学習規律の関係はどうなっているのか」といった教育観に関わる議論がされず、ただ目に見える指導法（手立て）を変えようとしても教師は納得しませんし、根本的な改善にはなりません。人は自分が心から納得したと感じたとき、はじめて行動を変えようとするモチベーションが湧き上がってくるのです。

このように見ると、教師行動（言動や指導、手立て）は、あくまで枝葉の話であり、根幹の話ではないことにお気付きかと思います。枝葉の部分は目に見えますし、言語化もできますから、教師にとってはわかりやすく、とっつきやすいものです。「自由進度学習を取り入れれば、子ども主体の学びが実現できる」「グループ学習を用いれば、協働的な学びが成立する」といった具合です。しかし、いくらその指導法を用いたとしても、根幹にあるその教師の教育観が「子どもは教師が教えなければ学ぼうとしない」という受動的学習者観であるならば、その内実は教師主導の授業になってしまいます。教育観の違いによって教師行動も異なってくるのです。今、学習指導要領の改訂を前に子ども主体のための様々な指導法（手立て）が開発されています。しかし、**本当にメスを入れるべきは木の根幹の部分、すなわち教育観です。**

例えば、自由進度学習を取り入れ、無理やり子ども主体の学びに変えていこうとしても、何のために自由進度学習を取り入れているのかがわからなければ、やがて形骸化します。一方、「子どもは自ら学ぶ力をもっている」という教育観をもって授業をするならば、そのような力が存分に発揮できる環境を整えることに教師は躍起になります。結果として外からは自由進度学習に近い形に見えるかもしれませんが、その内実は大きく異なっているのです。そして、根幹の部分がしっかり確立されているので、子どもの実態によっていかようにも対応を変えることができます。

では、次期学習指導要領においては、どういった教育観が求められているのでしょうか。ここからは、私なりの考えをまとめたいと思います。ただし、本書はそれらの教育観がどうやって獲得されるのか、教育観と新たなキーワードの関係はどうなっているかに力点を置きますので、求められる教育観自体については簡潔にまとめます。詳細について知りたい方は、『子どもの事実に向き合う』（２０２２年、齊藤慎一［著］、東洋館出版社）をご覧いただければと思います。

提言6　その子の世界観から見る（子ども観）

①子どもはどの子も優秀な学び手である

「どんな子も優秀な学び手である」と言ったら、読者の皆さんはどのように感じられますか。「え？　全く学習に向かおうとしない子もいるけど」「それは単なる楽観主義ではないか」という声が聞こえてきそうです。

しかし、学校では至るところで子どもの素晴らしい姿を見ることができます。例えば、算数でわからない問題を友達に聞き、さらに自分が理解するまで練習しようとする姿はどの学校でも見られる光景でしょう。低学年では、できなくて泣いてしまう子もいます。それは裏を返せば、「できるようになりたい」という気持ちの現われです。このような自らを成長させたいという気持ちは生まれながらのものであり、誰もがもち合わせているものです。

「そんなことはない。自分のクラスの子どもは最初からあきらめて、何もやろうとしない」という場合もあるでしょう。しかしそれは、その子のこれまでの失敗経験や周囲からの条件付けによって、伸びようとする気持ちが覆い隠されてしまった結果なのです。

例えば、過去に努力したが思うような結果が得られなかった。こうした経験が続くと「自分は頑張っても駄目なんだ」と感じ、その後の挑戦も最初からあきらめてしまいます。また、周囲の大人が子どもを条件付けることもあります。「あなたは算数が苦手だけど、頑張ればできるよ」と言われたとします。大人としては励ましているつもりでしょうが、本人は「自分は算数が苦手なんだ」と条件付けられ、そのような自己イメージをもつようになります。やがて、論理的思考力が高まり、理解する力が十分に高まったとしても、「算数が苦手である」という自己イメージが挑戦をあきらめさせるのです。このように経験や環境によって、本来の優秀な学び手という芽は覆い隠されてしまいます。

たとえ今は能動的な姿が表に現れなかったとしても、その環境を変えることで、元々もっている優秀な学び手としての姿が開花することは十分に考えられます。私の経験上、「算数ができない」とあきらめている子どもであっても、少ない問題数で正解を重ねていき、保護者をはじめ周囲からの声を「できるようになったね」と肯定的な声かけに変えることで、その子は少しずつ自ら学ぶようになりました。わからないところがあると、机に突っ伏していた子が、教師のところに来て「先生、これがわかりません」と言えるまでになったのです。

「どうせやってもできないや」は、「私だってできるようになりたいんだ」の裏返しです。どんな子でも、よりよくなりたいと思っていますし、自ら育つ力をもっています。それを信じることから全ての教育は始まります。

②デコボコしていてよい

そもそも子どもは、学習状況も運動能力も性格だってみんな違います。デコボコしているのが当たり前です。しかし、我々教師は全てのデコボコを平均にならそうと懸命になります。誰がつくったのかわからない「平均」という評価基準から子どもを見ようとするのです。そうなると「これが足りない」「こんなこともできない」「隣のクラスに比べて…」と足りないものばかりに目が向きます。そのうち教師もイライラしてきて、子どもとの心の距離が開いてしまいます。さらに、教師の見方はそのクラスの子どもたちの見方になるので、周囲の子もそういった見方をするようになります。「あの子、ちょっと変わっているよね」と平均に当てはまらないものを排除しようとするのです。これが、いじめにつながっていくこともあります。

一方、デコボコを受け入れ、「その子の基準」で子どもを見ようとする教師は、その子が今もっているものに目が向きます。その子の世界観で物事を見ようとするので、「こんな素敵なことを考えていたんだ」と共感的に寄り添う支援ができるのです。

そもそもデコボコが当たり前なのですから、それをそのまま受け入れてしまえばよいわけです。授業中、理解が難しい子、少しのヒントでできそうな子、自分で進められる子…、それぞれに合った支援が求められます（図3）。**子どもが教師に合わせるのではなく、教師が子どもに合わせる。デコボコを直そうと思わず、むしろデコボコを生かすよう心がけます。**

よく、「子どもが自分で進める学習の場合、理解が難しい子は置いてけぼりになるのではないか」という質問を聞きます。こ

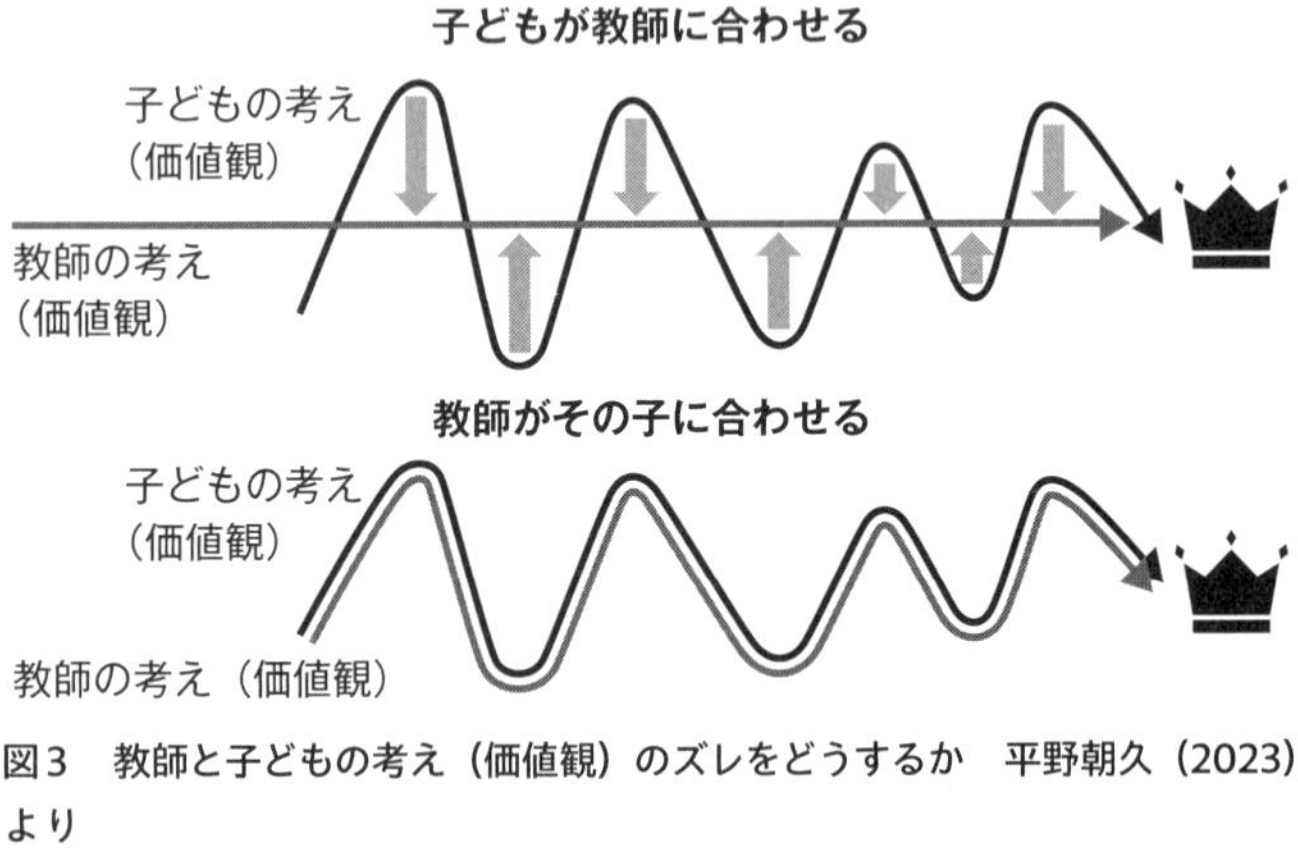

図3　教師と子どもの考え（価値観）のズレをどうするか　平野朝久（2023）より

教師の考え（価値観）が絶対だとして、そこに子どもを合わせようとするのではない。その子の考え（価値観）を認め、そこに教師が合わせる（伴走する）。

れは全くの逆です。理解が難しい子に合った支援と時間が十分に確保できるので、確実に力を付けることができます。

むしろ私が懸念しているのは、理解ができる子への支援です。今までこういった子は「全員ができるまで待っていてね」と言われてきました。新しい教育観では、全体が揃うまで待つ必要はありません。理解ができた子は、さらなる問いを見出す、発展的な問題に取り組む、関連するものを調べる、反復練習をする、予習をするなど、自分でどんどん学びを深めてよいわけですから、さらに伸びます。

とはいえ、その子が今、何を求めているのか、どんな状況にあるのかを一瞬で見抜くことはとても大変です。最初はかなり時間がかかるかもしれません。しかし、毎日子どもを見取る目を鍛えていけば、その子のノートの言葉、見ている教科書のページ、友達との会話の中で、瞬時に把握することができるようになります。一教師として、こうした目を養うことがこれからの教育には不可欠です。

提言 7

子どもの事実から不登校を考える（子ども観）

①「なんとなく不安」と戦う子どもたち

近年、子どもたちの「学校が怖い」「なんとなく不安」といった声が多くなってきました。何が不安なのか上手く言葉にできず、日々、目に見えない不安、恐怖と戦っています。

大人の社会ではますます高度化が追究され、競争も大きくなり、その波は学校現場にまで押し寄せています。一方、現場の教師はこういった社会の動向と子どもの実際との間に葛藤を抱き、実力主義、勝利至上主義だけではない教育的価値を子どもに教えたいと必死になっています。しかし、どうしても「受験＝点数を取らなければならない」「できるか／できないか」という意識は根強く残っています。そうなると、子ども自身の教育観も「間違えることやできないことは恥ずかしいこと」「失敗は許されない」となり、それが子どもたちの「学校が怖い」という恐怖心に結び付いているように感じます。

また、子どもから見ると、学校では出合うものの多くが新しいものばかりです。新しい教科、新しい活動、新しい友達…。新しい出合いを楽しむ子がほとんどですが、中には新しい出合いに不安を抱える子もいます。その子からしてみれば、先が見えずに、その時々で何に出合うのか、自分は上手くやれるのかわからない「一寸先は闇」の状態なのです。教師は見通しがもてているのですが、子どもは足元しか見えないので不安が募ります。

一方、人間関係においても、この「なんとなく不安」は付いて回ります。現在、SNSが普及し、メール（文字や絵文字）でのみ素顔の自分を表現する子が増えています。直接、友達に自分の気持ちを伝えるのではなく、メールを通して伝えるのです。また、メールのやり取りは様々なところで行われているので、自分が知らないところで（自分が）何を書かれているか（事実かどうかは関係なく）不安を抱くようになります。

また、「友達とけんかをすることはよくないことだ」と教えられ、その思いを強くした子は、友達とけんかになる（意見が食い違う）ことを極端に恐れ、人を傷つけないように細心の注意を払いながら友達付き合いをするようになります。意見の相違すら許されずに大人になっていくのです。

こうしたコミュニケーションは心身ともに疲れますし、いつまでも続きません。こうして、周囲に無理やり合わせることが嫌になった子や、他者からどのように見られているかが気になって仕方がない子は「なんとなく不安」になり、学校に足が向かなくなります。こうした「なんとなく不安」に、私たち教師はどのように向き合えばよいのでしょうか。

その答えの一つが、これまでずっと主張してきた教育観の転換であると考えています。子どもは一人ひとり違っている（デコボコしている）ことをまずは受け入れます。そして、その子の世界観から共感的に物事を見てみます。このときに大事なことは、**「大人の物差しを捨てること」**です。よく子どもの話を聞くとなると教師や大人は、子どもの話から「それはこうなんだよ」とか「あなたはこれがよい／悪い」「先生はこう思っている」などと、すぐに評価しようとします。もしくは、「それって、こういう意味でしょ」など、先回りして話をまとめようとします。そういう評価を一切せず、徹底的にその子に寄り添い、ひたすら話を聞きます。「こうでなければならない」という大人の物差しを捨て、純真な心でその子を見ると、その子なりの世界観が見えてきます。「ああ、そうかあ。そりゃあやる気はなくなるよなぁ」「こんなことを考えていたんだなぁ」と共感的・肯定的にその子を捉えることができます。

また、表面に現れた言動の裏側を見ることも大切です。例えば、ある子が「勉強なんて嫌いだ！」と言ったとしましょう。それを聞いた大人は「勉強すると将来、役に立つよ」「できるようになると楽しいよ」など、一生懸命に勉強の楽しさを伝えようとします。しかし、もしかしたらその子は周囲の大人に自分という存在を認めてほしい、頑張っている自分をもっと褒めてほしいのだけれど、それらが上手く表現できずに「勉強なんて嫌いだ！」という言葉になったのかもしれません。そうだとしたら、いくら勉強の楽しさを伝えても、その子の求めていることとの間にズレが生じているのですから、その子の心は満たされることはありません。

その子が発した言動はあくまでも表に現れた現象です。我々はその現象を手掛かりにしながら、**その子のもっと内側を見つめなければなりません。**もし、見えない不安があるのであれば、共感して解決の方向性を一緒に考えてあげる必要があります。たとえ、その内側を正確に把握できなかったとしても、「見つめようとしてくれている気持ち」は子どもに伝わります。自分は大切にされているということを感じられれば、自ら行動を起こし始めます。子どもは自分が何をすべきなのか、ちゃんとわかっているのです。

②自由を奪われることに敏感な子どもたち

これまでの教育は、「みんなと同じようにできるのがよい子ども」と考えられてきました。

そして、「平均＝当たり前」という鋳型に子どもを当てはめようと懸命になってきました。そうなると、その当たり前からはみ出す子は「変わっている子」「悪い子」という雰囲気が漂います。自分は自分らしく在りたい、素の自分を表現したいと思っているのに、自分らしく在った場合、それが当たり前から外れていると「変わっている子」と見られてしまうのです。一昔前の教師であれば、それでも「その子を周囲に合わせよう」と考えるか、もしくは「変わっていることもクラスメイトに受け入れてもらおう」などと考えていました。しかし、今は少し状況が異なり、多様な子どもたちがいるという認識が大前提となります。

現代はインターネット（以下、ネット）の普及で、自分にとって不利益な情報を遮断することができ、自分がほしい情報だけを手に入れることができます。また、ゲームでは、自分なりの世界観に思い切り浸ることができます。主役は自分であり、そこでは素の自分でいることができます。「個」が強く打ち出されているのが現代の特色です。

このような環境で育ってきた子どもたちにとって、学校は窮屈に感じるかもしれません（もちろん、学校も個々人の自由を保障しようと努力していますが、全てを自由にすることはできないのが現状です）。家ではある程度思いのままにできていることでも、学校ではみんなと同じことをしなければなりません。「個」の自由を知っているからこそ、自由を奪われることに敏感になっていると感じます。

ちょっと哲学的な話になるのですが、カントは「道徳的な義務にしたがうことこそが自由」と述べるとともに、「欲求にしたがうことは不自由」と述べています（川瀬、2022）。つまり、自分は何をするべきかといった自律の上に自由が成り立つという考えです。この考えを基にすると、「制限があるからこそ自由になれること」を教えることが大切だと私は思います。自由という言葉は「何をしてもよい」という意味で子どもは捉えています。しかし、「何をしてもよい」の前提には、他者に迷惑をかけてはいけないこと、小学生（中学生）として、やらなければならないことがあることなど、制限があります。この制限の中で自由は保障されているわけです。逆に言えば、制限という範囲を知ることで、本当の意味で自由を手に入れることができると言えます。

③不便さが心を耕す

少し前の話になりますが、一人キャンプが流行りました。キャンプでは、手間暇かけてテントを張り、火を自分でおこさなければならず、ちょっとした不便を求めに行くようなものです。それなのに、なぜキャンプがブームになったのでしょうか。それは、不便さの中にこそ

「生きている実感」を見出せるからではないでしょうか。手間暇かけたことでテントができる、ご飯が食べられ、おなかがいっぱいになる。時間はかかるけれど、自分でやってみたことで、生きていることを感じられるのだと思います。

この「自分で行ったこと」は、上手くやれるかどうかは問題ではありません。時間と労力をかけて、「自分でやってみた」ということが大切なわけです。そして、その過程の中でその人なりの小さな幸せを味わっているのだと思います。

現代の子どもたちは便利なものに囲まれています。スマホは様々なことを瞬時に実現してくれますし、家電製品にはたくさんの機能が付いています。一見、快適でよさそうですが、実はこの便利さが子どもを追い込んでいることもあります。機械によって時間を節約したつもりが、かえって時間に追われることになり、今の充実感や小さな生きている幸せを味わいづらくなっていることもあります。そして、少しでも上手くいかないことや不便なことがあると不満を抱くことにつながります。なんでもすぐ手に入るということは、求めるものが手に入らないときの過度のストレスと背中合わせというわけです。

では、どうすればよいのでしょうか。その答えの一つに、物をたくさん持っているかどうか、お金があるかどうか、上手くやれるかどうかではなく、実は今、目の前にはたくさんの幸せがあることに気付かせることです。友達と一緒の時間を過ごしていること、わからない問題があること、自分なりの答えをもってよいこと…、光の当て方によって、実は多くの幸せが目の前にあることに気付かせたいのです。そして、それらは（キャンプのときのように）不便で上手くいかなかったり、時間がかかったりする中で気付くことが多いということを教えたいのです。

「ウェルビーイング」という言葉が多く叫ばれていますが、私はこのように目の前の幸せに気付く力こそがウェルビーイングにつながり、それに気付くための視点を養うことがこれからの教育に求められていると感じます。このように考えると、これからの学校の在り方は、単に知識を獲得する場ではなく、一人ひとりの幸せの形を創造し、具現化する力を養う場へと変わっていくのではないでしょうか。そこでは、その子なりの幸せの形（自己実現）が尊重されることになります。それは決して「他の人と比べてどうなのか」といった話ではなく、ましてや、みんなと同じ形である必要もありません。

このような見方で不登校を見たときに、そこには「学校」という枠に収まりきらない子どもがいて当然なのではないかと思うのです。また、その子の今がどうなのかという視点ではなく、その子の将来まで見据えたとき、今、みんなと同じであることは本当に必要なことなのかと考えられるのです。

今は集団になじめず、学校に来られなかったとしても、別の場所（フリースクールなど）で集団生活を学んでもよいわけです。また、失敗することに怖さを感じて教室に足を運べないのであれば、他の場所で勉強することもできます。そして、その中で恐怖心を克服し、やがて集団の中に入っていけばよいわけです。現代はＩＣＴも飛躍的に進歩し、多様な学び方を保証してくれます。オンラインでの参加もありますし、それも難しければ、放課後、先生とつながって話をするという方法も考えられます。「こうでなければならない」という固定概念を捨て、その子の世界観で物事を見たとき、その子なりの幸せの形が見えてきます。大人は焦らず、じっくりとその世界観を一緒に味わうことができれば、その子は自信をもって社会に飛び出していけます。「不登校＝よくないもの」というイメージ（観）を、まずは私たちが捨てることから始めてみませんか。

もう一つ、大切なことは教師や保護者が一人で抱え込まないことです。子どもが学校に行きたくないと言ったとき、教師はつい自分の責任ではないかと考えがちです。しかし、学校に来られない要因は（先述した通り）実に多岐にわたり、複雑化しています。それは保護者も同じように感じているかもしれません。自分の教育が悪かったのかもしれないと自己嫌悪に陥っていたり、もしかしたら、お子さんのために仕事を休んだりしている可能性もあります。また、職場や地域で肩身の狭い思いをしているかもしれません。

このようなときに頼りになるのが、ＳＣ（スクールカウンセラー）やＳＳＷ（スクールソーシャルワーカー）です。それぞれの専門性を生かすことで、客観的に事象を見ることができるので、その子の今まで気付かなかった部分に、光を当てられます。当事者同士だとどうしても視野が狭くなるところを広げてくれます。さらに、経験豊かな立場から、安心感を与えてくれます。

不登校の問題が出てきたときに、周囲は焦ります。そして、その焦りは多くの場合、当の本人にとってプラスには働きません。周囲の大人が慌てず、じっくり共感的に向き合うことが大切です。そのためにも、ＳＣやＳＳＷなど、学校内外の人材に頼ることは賢明な判断です。また、これからの教師にはこのような人と人をつなぎながら、それぞれの専門性を発揮してもらう環境づくりが求められています。

提言8

子どもはどのように学ぶのか考える（授業観）

①子どもの思いを授業の中心に据える

子どもは教材とどのような出合いをしているのでしょう。国語の物語文であれば「ああ、いい文章だなあ」としみじみと感じながら思いを馳せているかもしれません。それなのに、突然教師から「はい、じゃあ、この物語で問いを考えましょう」「この物語で高めたい力は○○です」と指示されたらどうでしょう。子どもからしてみたら物語の世界観に浸っていたところを突然、勉強の世界に引き戻される感覚です。教師自身も「最初の感想を書きましょう」と言いながらも、その後の授業展開にその感想をどのように生かすのかわからず、単に「最初の感想を書かせた」ことで満足してしまっていることもあります。

子どもが今、どんな気持ちで、どのような世界観で教材を読んでいるのかは軽視され、教師のやりたいこと（計画）に子どもを当てはめようとしてしまうわけです。確かに、このほうが教師の目標は効率的に達成されることでしょう。しかし、このような授業では、子どもが歩みたい道とかけ離れたものになってしまいます。

子どもは教材と出合ったときに必ず心が動かされます。先程のような「いいなあ」という場合もあるでしょうし、「え！　それはちょっと違うと思う」「よくわからないな」といった思いもあると思います。そういった疑問や願いが大切にされ、それを追究できるからこそ、子どもは何のために学ぶのかが理解できます（図４）。

４年生の国語『ごんぎつね』を例にします。初めて物語を読んだ子どもたちは、「最後にごんが銃で撃たれてかわいそう」と言いました。**教師**「そうだね。確かにかわいそうな話だよね」、**子ども**「う～ん、そうかな。私は、確かに銃で撃たれるのはかわいそうだと思うけれど、ごんは兵十に自分のことがわかってもらえたからよかったなって思った」、**教師**「そうかあ。最後にごんは幸せだったって思った人もいるし、不幸せだったと思った人もいるんだね。

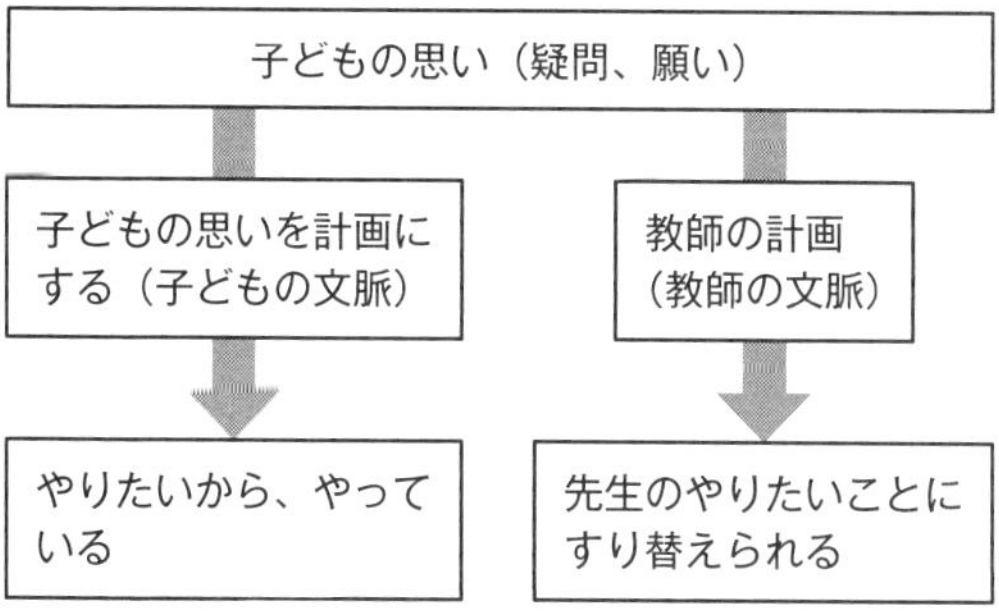

図４　子どもの思いをどのように扱うか

一体、どっちなんだろう」。すると、子どもたちは様々な意見を話し合います。**教師**「じゃあさ、ごんは本当に幸せだったのか、不幸だったのかを考えてみよう」。というわけで、単元を通して、ごんの心情を考えるというめあてが立ちました。その後、子どもたちは各段落でごんの心情を表している言葉を探したり、問いを立てたりしながら、その心情に迫ろうと真剣でした。

この教師は、最初に感じた「その子なりの読み」を大切にしながら、それらは人によって異なることに気付きました。そして、人によって受け止め方が違うことに焦点化することで、「ごんは幸せだったのか考えたい」という子ども自身の思いを見事に引き出していました。

「子どもは学校に来て勉強をするものだ」という概念は、大人が勝手に創り出したものです。一方、子どもはというと、勉強するというよりも教材そのものとの出合いを楽しみ、まるで遊んでいるかのような感覚なのでしょう。子どもたちが出合う世界（材）は勉強のためにあるのではなく、**子どもたちの心を揺さぶるもの**であり、興味をもって追究した結果、それが外から見たら勉強という形になっているだけです。だからこそ、子どもの思いを把握し、どのように歩もうとしているのか「子どもたちと一緒に考える（ともに創る）こと」が必要になります。

とはいえ「子どもの思いを計画に入れたら学習内容が身に付かないのではないか」という不

安があることはもちろん承知しています。この不安は第3章で解消できるようにしますので、ここではひとまず、子どもが学ぶときの構図を理解していただければと思います。

②不確実性を受け入れる

ユウタ君は小学校4年生です。算数で72÷3の学習をしていました。ユウタ君は最初、教師の説明を聞くのではなく、自分の力でまず解いてみたいと考えました。そして、72を7と2に分けてそれぞれを割ることにしました。「7÷3は2あまり1になる。2÷3はできないなあ」と考えたのでしょう。あまりの1と2を足して3にして、「2あまり3ではないか」と考えました。

ところが、隣の子から「7÷3の7は70のことだよ」と言われたので、70÷3と考え直します。70÷3＝20あまり10としたユウタ君。このあまった10と2を足して「20あまり12」としました。「これでよし」とユウタ君は、自分の考えに満足している様子です。

次に教師はサクラさんのところに行き、サクラさんが72÷3は24あまりなしと出していることに気付きました。そこで、全体に聞こえるように「あまりが出ないという人もいるんだね」とつぶやきます。それを聞いたユウタ君は、再び自分のノートに向き合います。そして、今度は図を描き始めました。図によって10と2は合体できることを視覚的に理解したユウタ君は、「12はまだ3で割れる！　24あまりなしだ！」と言いました。

その子が学びを進めるとき、それは必ずしも効率的で合理的、直線的な学び方ではありません。ユウタ君のように、ときには戻ったり、違う方向から試したりと紆余曲折します。効率的で直線的な学びは確実性があり、教師にとっては安心感があります。しかし、「その子が学ぶ」を大切にした場合、そのときのその子を見取り、今、どのような支援をすべきかを考えるため、不確実な要素が多く、教師としては不安です。しかし、そもそも人が何かを学ぶというときに紆余曲折するのは当然であり、紆余曲折するからこそ課題解決力や

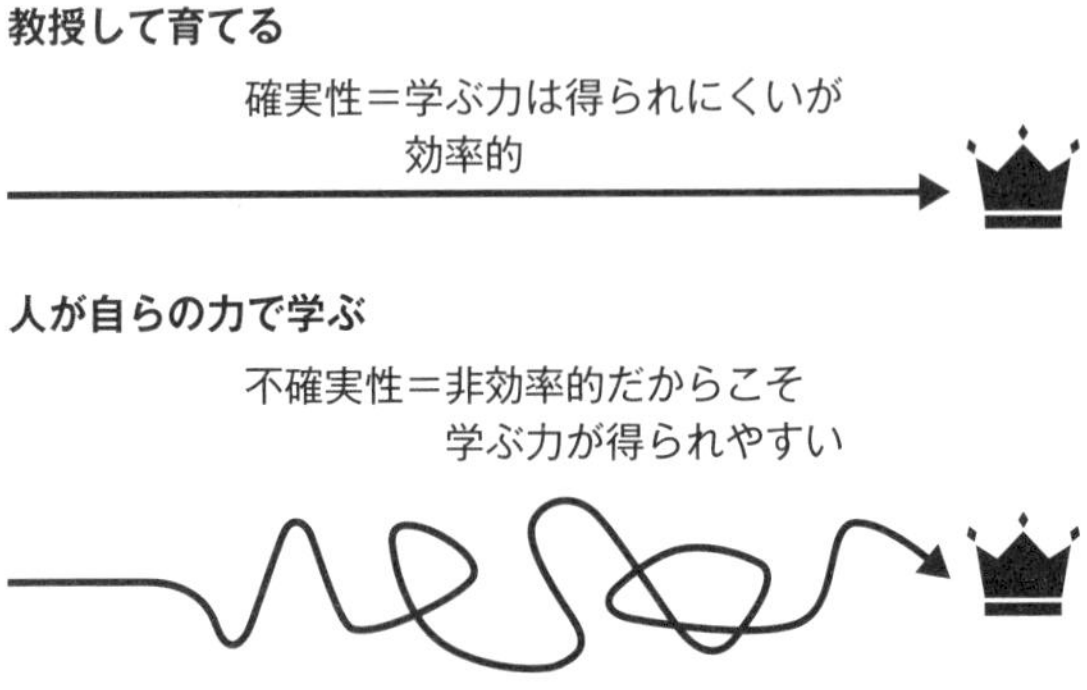

図５　子どもは紆余曲折しながら学ぶ
教師が教えた場合、効率的で確実性が高い。一方、子どもに任せた場合、非効率的で不確実性が高いからこそ、学ぶ力が高まる。

主体性、協働性といった資質・能力の高まりが期待できます。また、これからの不確実な社会を生き抜く素地を子どもたちに養うためにも、紆余曲折できる環境を保障する必要があります。

すでにお気付きのことかと思いますが、このように「その子がどう学ぶか」を保障することは「結果として」個別最適な学びになっています。先に個別最適な学びがあるわけではなく、**その子はどのように学ぶのかという視点で見たときに、結果として個別最適な学びにならざるを得ない**というわけです。

③個別最適な学びと協働的な学び

中央教育審議会の「教育課程部会における審議のまとめ」（令和3年1月25日）では、「指導の個別化」「学習の個性化」が言われています。「指導の個別化」とは、その子の実態に応じて指導方法・教材や学習時間などを柔軟に対応することです。「学習の個性化」とは、その子一人ひとりに応じた学習活動や学習課題を提供することです。

その子にとっての内容、学び方で授業を進める（個別最適な学び）という話をさせていただくと、「個別学習になってしまうのではないか」「協働はどうなっているのか」という不安の声を聞くことがあります。しかし、個別の学びを進める中で協働していないのかと言われれば、決してそうではありません。
子どもは解決の過程でわからないことは友達にすぐに聞きます（そのような環境なので当然です）。また、わからない子に教えることも子どもは大好きです。それだけではありません。自分の答えと友達の答えを見比べながら、答えに自信をもったり、付け足したりする光景は担任であればよく見る光景でしょう。もしくは、このように直接的なやり取りがなかったとしても、黒板に掲示された誰かの意見やノートを見ることで新たな発見をしたり、クラス全体の雰囲気を感じていたりと、様々な形で子どもは協働しています。このように見ると、個別最適な学びだけが単独で存在することは考えづらく、**必ず協働的な学びと一緒になって存在しています。**

モモコさんは2年生です。生活科で竹とんぼを作ることにしました。担任の先生が用意した材料は、画用紙とストローです。作り方はあえて提示しませんでしたが、タブレット端末で視聴する動画と本は用意しておきました。すると、モモコさんは動画を見て個人で作り始めました。持ち手（ストロー）と羽（画用紙）をセロハンテープでとめました。「これでいいな」と言いながら早速、飛ばしてみます。2、3回飛ばすと接着部分がぐらぐらして飛ばなくなってきました。モモコさんはセロテープで補強をしますが、やはり結果は同じです。

しばらくすると立ち上がり、友達のところへ行きました。「どうやってとめているの？」と聞き、友達が持ち手と羽をとめている様子を覗き込むようにして見ていました。友達はセロテープで固定すると、なんとその上からステープラでとめていたのです。それを見たモモコさんはすぐに席に戻り、自分もステープラでとめました。すぐには上手く飛びませんでしたが、ステープラのとめ方や方向などを何度も実験し、最も強くなるとめ方を見つけ出しました。

さて、モモコさんはなぜ立って、友達のところへ行ったのでしょうか。もちろん、担任は友達のところへ行っておいでとは伝えていません。モモコさん自身、「どうしたらぐらぐらしない竹とんぼになるのだろう」と問いをもったのでしょう。この問いはモモコさんの内面から生まれた問いであり、まさに**自分事の問い**です。さらに、その問いを試行錯誤できるだけの自由が保障されていました。これらが「友達がどうやっているのか知りたい」という気持ちを強く後押ししました。モモコさんの文脈の中で協働の必要性が生まれたのです。

一方、同じクラスのタロウ君はモモコさんと違い、自分から積極的に友達のところへ行くタイプではありません。タロウ君は飛ばし方で苦労をしていました。そこで、タロウ君は上手く飛ばせている友達を遠くからじっと観察していました。また、クラス全体の前でどうやって飛ばしているか、友達の説明を真剣に聞いていました。「そうか、上に擦り上げるようにすればいいんだな」と考えたのでしょう。友達の動きを何度も真似し、最後には見事に飛ばせるようになりました。

これらの子どもの姿は、協働という言葉が先にあるのではなく、子どもは**「必要とあれば自然と協働すること」**を示唆しています。また、協働の形は子どもによって違っているのが当たり前ということも教えてくれます。「直接的／間接的」「言葉／動作」「友達／大人」など様々な協働の形がありますから、その子によって使い分ければよいわけです。

もちろん、実態によっては教師主導で協働の有効性に触れる機会を設けることも必要でしょう。低学年であれば、あえて教師が「友達とやってみてね」と伝え、友達と一緒に行うよさに気付かせることもあります。もしくは、教師が（子どもの意見を）意図的につないであげることも必要でしょう。ですから、子どもに任せる部分と教師主導の部分のバランスを取りながら、個別最適な学びや協働的な学びのよさを子どもが実感できるように計画的に仕掛けていくことが大切なのです。

④子ども主体と学習規律の関係

「その子が学ぶ」ということは、課題そのものや解決の仕方をその子に合わせることになるので、当然、クラスの中では取り組んでいることがバラバラになります。この状況を見たときに、多くの教師が不安を抱くのは「学習規律は大丈夫なのか」という点です。バラバラなことをされたら収拾がつかなくなるし、勝手に遊び始める子が出てきてしまうのではないかといった点を危惧しています。

そもそも学習規律とは何でしょう。決まった定義はなく、人によって捉え方は様々ですが、多くの教師は秩序（静かに、指示されたことを遂行する）というイメージをもっているのではないでしょうか。確かに、秩序が乱れることは学級崩壊につながってしまいますし、わがままな子どもを育てることになってしまわないかと心配になります。

一方、住野（1990）はいくつかの定義の中の一つに「その構成員全員が『みんなでわかる』という共同的な学習目的と学習観をもち、それに基づいた学習意志をもった状態」と示しています。姿勢や態度といった外から見える要素だけでなく、内面にある目的遂行の意思も学習規律であると捉えています。

目的遂行に向けて必要となる環境（秩序を含む）をつくること、これが学習規律になると私は考えています。学習指導要領における目的の一つは「学習内容を獲得すること」であり、そのために子どもは自ら学ぶ環境づくりを行うことになります。この自ら学ぶこととセットで学習規律が存在するわけで、そのためにどのような規律が必要なのかという流れになります。決して、先に規律があるわけではないということです。

では、子どもが自ら学ぶために必要な学習規律とは何かという話ですが、もちろん、これまでのように人の話を静かに聞くことや時間を守ることなど、普遍的なものは存在します。静かに話を聞くことができなければ、新しい情報が手に入りません。

一方、授業中に友達のところへ行ってわからないところを聞く、これはどうでしょうか。これまでは「知識は教師が教えるもの」という発想でしたから、もちろん駄目でしたが、これからは「知識は自分で獲得するもの」と捉えた場合、(他の子どもの邪魔にならない、相談できる時間中に、などの条件はあるものの) 積極的に友達に聞きに行くことは問題ないと考えられます。「立ち歩いている。駄目な行動だ!」ではなく、「何のために立ち歩いているのかな」と考え、目的遂行のためであれば、私は学習規律を乱しているとは思いません。

このように考えると、子ども主体の学びを進めることと学習規律を身に付けることは同時に行っていることにお気付きでしょう。学習規律が身に付くようになって、その後、子ども主体の学びに取り組むというのでは、何のための学習規律なのかわかりません。子どもが自ら学ぶことを実現するために、クラスみんなでどんなことを大切にしたいかを考える。それこそが、そのクラスの学習規律になるのです。

⑤教科担任制のメリット・デメリット

昨今、教科担任制を小学校でも導入する動きが高まっています。その背景には教師の働き方改革があります。教科ごとに担当を決めることで教材研究の時間が短縮できます。それだけではありません。担当する教科が絞られるため、その教科について見識が深まり、専門性が高まるというメリットもあります。

しかし、個人的に懸念している点もあります。それは、「子ども主体の学びが成立しづらくなるのではないか」ということです。これまで本書で述べてきた通り、子ども主体の学びは、一人ひとりの違いを認識し、その子の不確実な学びを尊重しつつ、適切な支援を行う必要があります。つまり、子ども一人ひとりの特性をしっかりと把握していないと、子どもに任せることは難しいということです。

ただ教科書の内容をこなせばよいのであれば、教科担任制でもそれは可能でしょう。しかし、本当に一人ひとりの学びに寄り添い、力を付けさせるのであれば、子どもたちのことを真に理解していないと、どのような支援をすればよいかが見えてきません。どのようなことを考えているのか、教師の支援は必要か、必要ではないか等々、その子を把握していないと子どもに任せることはできません。

また、子どもに任せるのであれば、そこには教師と子どもとの強い信頼関係が必要です。任されているという信頼があるからこそ、子どもは責任を感じ、やるべきことを行います。互いを信じられていないのに、形だけ子どもに任せても上手くいかない可能性が高いでしょう。

だからと言って一概に教科担任制を否定するのは、それもまた違うと思います。これらの懸念事項は教師の日頃の努力によって十分に解決可能だからです。大事なことは、ただ教科担任制にして「こなす授業」を行うのではなく、日頃から担当する子どもたちをしっかりと見取り、信頼関係を築くことで「力を付ける授業」に変えていくということです。

教科担任制は一見、教師が楽になりそうですが、子どもが見えていなければかえって教師を苦しめる「諸刃の剣」なのです。

提言9

知識を教えることは悪いことではない（学力観）

①「点」と「線」で学力を捉える

新しい学力観を見事に表しているのが河田（2022）です。これまで学力と言うと数値化できる知識・技能に重点が置かれてきました（図6の左）。つまり、学力を「点」で捉えていたことになります。教師も「点」に向かって「これを教えなきゃ」と躍起になっていました。

ところが、これからの教育を考えたとき、学力を「線」で捉えるという見方も必要です（図6の右）。その子にとってのマイゴールがあるという場面も存在するというわけです。

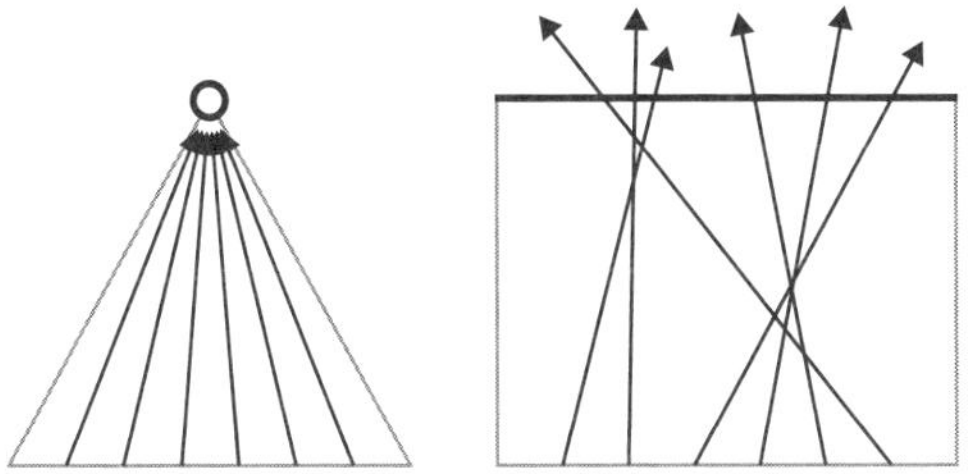

図6　学力を点と線で捉える

総合学習のように、学力を点ではなく線で捉える見方も存在する。

『GIGAスクールのなかで教育の本質を問う』日本標準（2022）石井英真、河田祥司より国語の物語文を例にして説明します。これまでの物語文の指導と言うと、作者や教師の考える主題にいかに近づけられるかという「点」で合わせようとしました。しかし、これからは、その子にとっての解釈でよいわけです。だからと言ってなんでもよいわけではなく、例えば根拠をしっかりと示しているか、前後の段落の関係から読み取っているかなど、評価規準は存在します。しかし、先程の「点」と違い、評価規準の幅の広さが確保されています。この幅の広さが「線」であり、それをクリアしているのであれば解釈はその子に任されているわけです。この「線」で捉えることこそが新しい学力観であると私は感じています。とはいえ、「線」が絶対正しく、「点」が駄目だという話ではありません。教科や単元、もしくは「今日は」というように、その時々によって変わってきます。

さらに河田はそれぞれの有効性を把握し、組み合わせる提案を行っています（図7の中央）。先程の国語の物語文を例に説

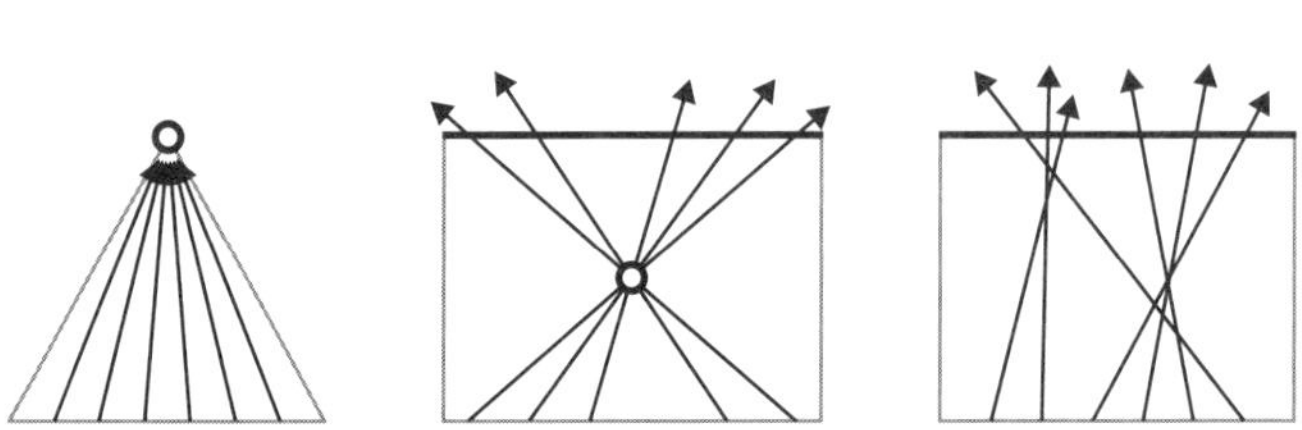

図7　点と線を組み合わせる

それぞれの有効性を踏まえ、組み合わせることもできる。

河田祥司が作成

明します。前述したように「人物の心情を想像する」と言ってもなんでもよいわけではなく、そこには教師として押さえるべき学習内容があります。そこで、子どもにそれぞれの問いを追究させつつ、授業の途中で（例えば）「比喩という表現技法があります。それは～」と確認します。これは先程の「点」で合わせる形です。しかし、それで終わらせません。学んだ「比喩」という知識を使って、さらに自分なりの読み取りをするわけです。つまり、授業の後半は「線」のイメージになります。子どもだけではたどり着けない知識を教師は教え、それを基に子どもはさらに深い読み取りへと進んでいきます。このように、「点」と「線」を組み合わせることも可能です。

また、この話を聞いて音楽のユキ先生は、次のような授業展開に挑戦しました。

①子どもに合唱曲を紹介し、まずは何度も歌ってみる。
②その子にとっての曲のイメージを膨らませる。「私はこんなふうに歌いたいな」
③その子が歌いたいように歌ってみる。「もっと自分のイメージを表現できないかな」
④イメージに近づけるための歌唱技能（ポイント）を教える。
⑤技能を使い、その子なりのイメージをさらに豊かに表現する。

この流れを表した図8を解説します。

最初に「線」で捉え、子どもの（例えば「ゆったりした歌だなあ。そんなふうに歌ってみたいなあ」という気持ちを膨らませます。子どもと教材の出合いを大切にしているわけです。

その後、「ゆったりした歌い方ってどうすればいいんだろう」という問いが生まれ、それに応えるように教師から「音を伸ばすためには～」という技能ポイントが入ります（「点」の場面）。

技能ポイントを知った子どもたちは、それを生かして、自分なりの表現を追究します（再び「線」の場面）。

「線」↓「点」↓「線」という流れを確保する

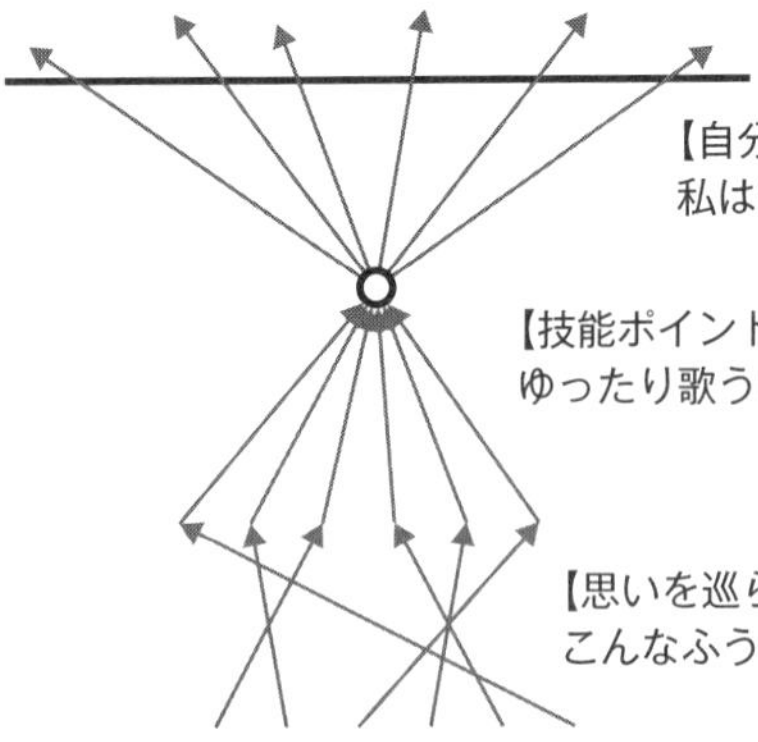

図8　単元を通して点と線を組み合わせる

単元前半は線。その後、子どもの必要感から点へ。後半は習得した技能を生かして、各々の表現を大切にする。

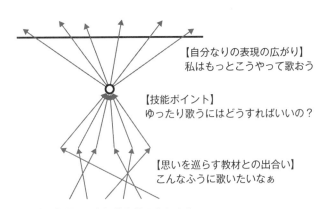

ことで、音楽という芸術に触れたときの心の動きを大切にしているわけです。最初に「線」を入れずに、「こういうふうに歌うんだよ」と言ってしまっては「歌わされている歌」です。子どもの文脈（気持ちが先、技能は後）に沿った展開なので「私たちの歌」になるわけです。

このように、**「点」と「線」で学力を捉えたときに「線」＝その子にとってのマイゴールといった視点がこれからの学力観には不可欠です。**また、「線」が保障されていることで、子どもが自ら問いをもち、自分なりの解決方法で追究する、子ども主体の学びが実現できます。単元もしくは一単位時間の中で「点」と「線」を意識して構成してみてください。

②認知能力と非認知能力

認知能力とは数値に現れる能力のことです。非認知能力とは数値では計れない能力であり、問題解決力や協働性、主体性などを指しています。昨今、この非認知能力が重視されてきました。学校教育においても、これらを相互に関連付けながら学力を捉えなければなりません。

例えば、算数の学習において、ヒロキ先生は前後半で次のような単元構成をしました。

・単元前半　基本計算の理解＋学び方を知る
・単元後半　発展された問題を自分で学ぶ

実際に前半は計算方法を教えつつ、学び方を押さえました（次ページ参照）。さらに、1時間の流れをどうするか、学習形態（個人、ペア、グループ、教師と一緒に）について、実際に授業を進めながら自分たちで決めてよいことを浸透させていきました（下写真）。

そして、単元後半になると、それらの学び方を生かして、子どもたちに任せる部分が多くなるように進めました。学び方を知った子どもは、「今日は最初に個別で考えて、それから個別やグループに分かれたい」など、自分たちで流れも考えていました。

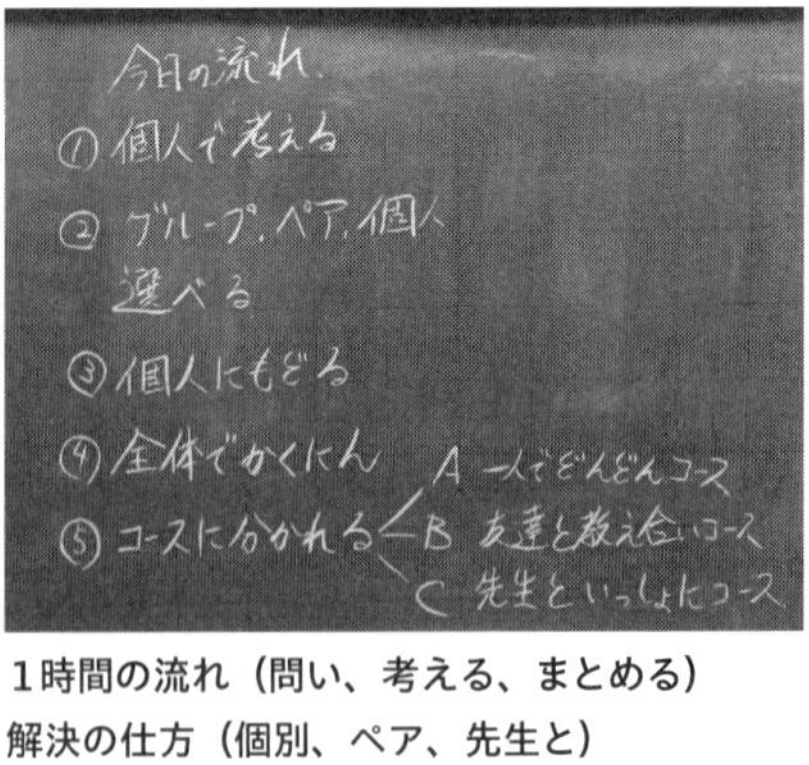

1時間の流れ（問い、考える、まとめる）
解決の仕方（個別、ペア、先生と）

ヒロキ先生の授業展開は、単元前半で認知能力（基本計算）と非認知能力のうちの課題解決力や協働性と

単元前半　―学び方を教える―

●算数で大切なことは、計算ができるかどうかだけではありません。どうやって答えが出るか説明できること。説明ができるってことは、本当に理解している証拠なんだよ。

●⑩⑩⑩⑩⑩⑩⑩、これで70と表そう。人はこんな感じでいいよ。図工ではないから、絵にはこだわらないでね。⑩と人を丸で囲んで、これで「この人がもらった」と表せるね。

●（絵を描いて満足している子どもに）その絵に言葉の説明を加えられたらなおいいね。

●大事なことは、まず自分の力で考えること。そのうえで友達を頼るならOK。それと、一人で悩んでわからないまま終わらないこと。「わからない」というヘルプを必ず出してね。友達でもいいし、先生にでもいいよ。一番よくないのは、わからないのにわかったふりをして、黙ってそこに座っていることだよ。

●（個人で考えているときに隣に話しかけてしまう子どもへ）真剣に考えているときは、誰かから話しかけられると考えがまとまらなくなってしまうよ。先生もその時間は黙っているので、個人で考えるときは、絶対にしゃべってはいけないよ。

●自分でコースを選ぶということは、できるようになったかどうかについて、自分で責任をもつことです。そのために、自分で問題をつくったり、友達のつくった問題を解いたりして確認してみてね。

いった学び方を同時に押さえたことになります。基本計算の習得に目が向きがちですが、それ以上に子どもにとってわかりやすい形で学び方を提示しました。ここがヒロキ先生の素晴らしい点です。そして、後半は非認知能力を生かして、認知能力（発展的な計算）を獲得しようとしたわけです。

　単に認知能力を高めるだけであれば、教師が教え込んで、何度も復習プリントを行えば済む話です。しかし、ただ知識を知っている、何かができるだけでは、これからの時代を生き抜くことはできません。自分の力で課題を見出し、自分に適した方法で解決しようと試行錯誤する、こうした非認知能力が求められています。

　ですから、認知能力を高める過程（単元前半）で非認知能力の存在を意識し、学び方を汎用させ

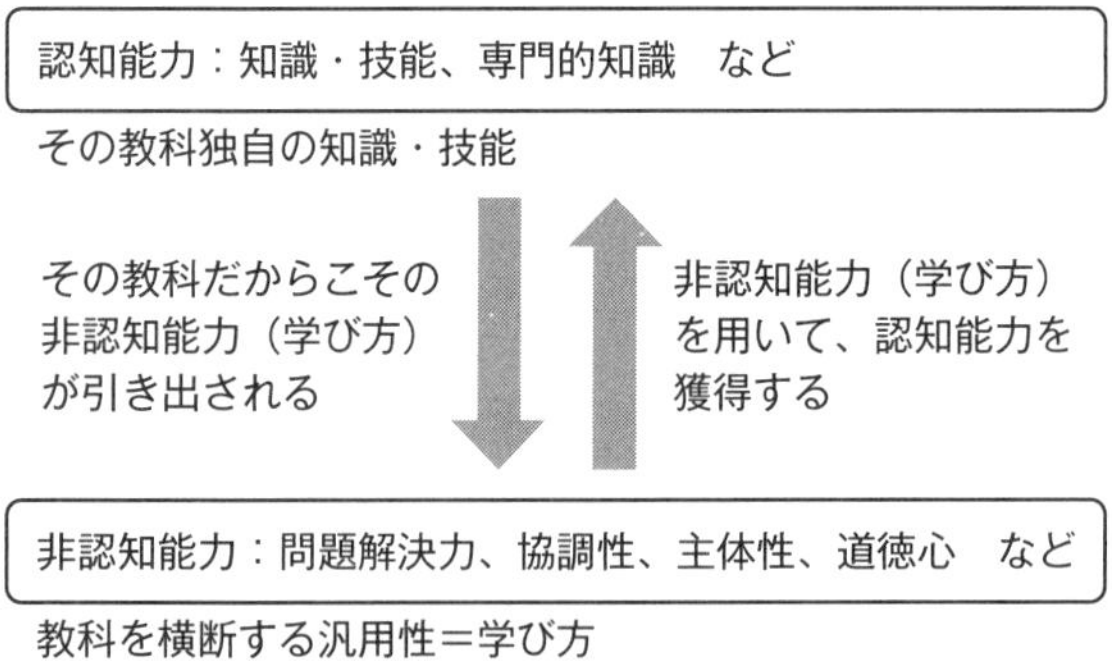

図９　認知能力と非認知能力の関係

教科の独自性によって必要な非認知能力が引き出される。非認知能力を用いて認知能力を獲得する学び方こそが、これからの社会では求められる。

る（意識化）ことが必要です（図9）。学び方があるからこそ、子どもはそれを生かして、単元後半はさらに深い学びへと自ら歩みを進めることができたのです。

最後に、このような学力観をもったある教師は、次のように語ってくれました。

●びっくりしました。みんなテストの点数が上がっているのです。それも、これまで理解が難しかった子が飛躍的に高くなっています。学び方を教え、子どもに任せることで、ほとんどの子が意欲的になっていました。「こうやってまとめたい！」「こんな勉強の仕方もいいですか？」と聞いてくるほどです。

●2学期の後半になると、子どもも学び方がわかっているので、自分の力でどんどん進められるんですね。そして、時間が足りないどころか余裕すらできるので、その時間に何をしようかと考えています。

非認知能力を高めることで、認知能力も獲得しやすくなっていることがよくわかります。

第3章

授業をどのように創るか

提言10

教師としてやるべきこと、あえて行わないことを整理する

①子どもと教師の主体性

ここからは、実際の授業づくりについてまとめたいと思います。まず、子どもの主体性と教師の主体性について、整理したいと思います。よく、「子ども主体の学びなのだから、教師はあまり出てこないほうがよい」という話を聞きます。このイメージでは、子どもがその役割を果たそうとたくさん出てくるので、教師の役割は少なくなる。これこそが子ども主体の学びというイメージなのでしょう。この場合、子どもと教師の役割が同じ=一軸と捉えているために、どちらかが出てくればもう片方はその分、出てこられないという捉えです（図10）。

私は図11のように二軸で捉えています。この場合、子どもと教師はそれぞれ役割を果たすために、互いにどれだけ出てきても構わないわけです。教師も子どもも共に主体性を発揮することが近年、求められています（共同エージェンシー）。どちらか片方が主体的に取り組めばよいということではなく、各々がその役割を果たすべく主体的、協働的に関わることの大切さが

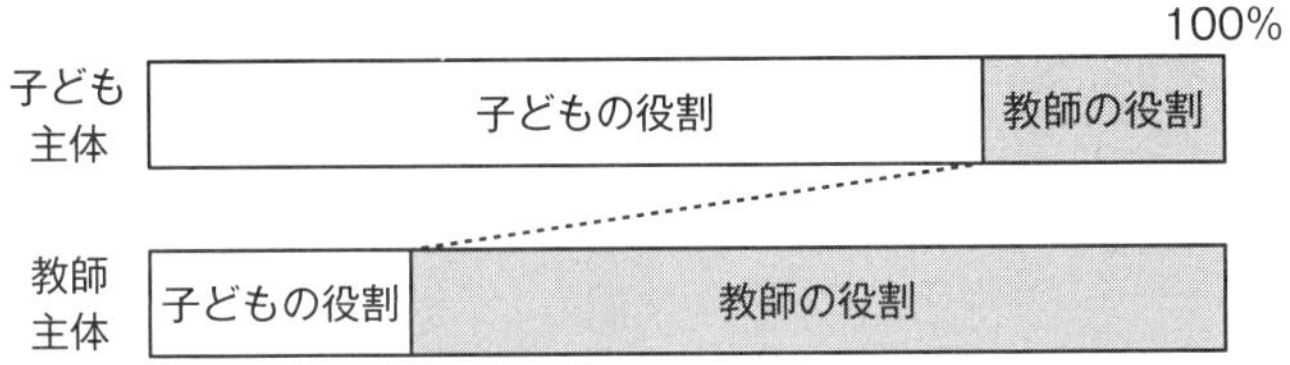

図10　これまでの子ども主体のイメージ

授業中の役割を100としたとき、それらを子どもと教師で取り合う形になっている。

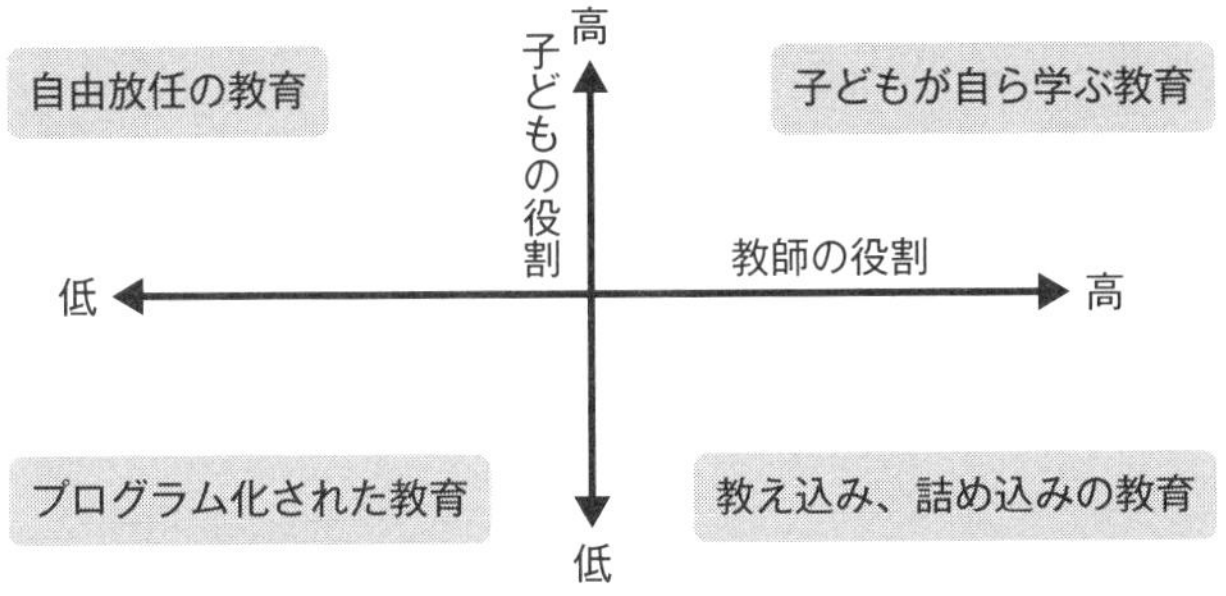

図11　子どもと教師の役割を２軸で捉える（平野1998を参考に筆者が作成）

それぞれの役割は異なると捉えれば、その役割を果たすため、互いに主体性を発揮することができる。

教師の役割	子どもの役割
①教材を決める	①問い（課題）を決める
②子どもを見取る	②学び方を選択・決定する
③軌道修正／新しい視点の提示	
④学び方の振り返りを促す	

図12　子どもと教師の役割の違い

重視されているのです。

この二軸が成立するためには**「子どもと教師はそれぞれ役割が違う」**という前提が必要になります。そこで、それぞれの役割はどのように違うのかということですが、それが図12です。教師の役割は、教材に対する深い洞察があるからこそできることです。それに対して、子どもの役割は、その子が学びを進める上で、その文脈に即して必然的に生まれてくるものです。それぞれの役割を基にしながら、子どもはいかにして主体的に学ぶかを考えたいと思います。

②教師が教えるべきもの

よく、「教師はどこまでを教え、どこから子どもに考えさせる（任せる）のか」という議論が起こります。私は次のように捉えています。

子どもだけでは気付かない新しい知識や学び方は教える。
↓
それによって子どもがさらに深い学びへ進む。
それによって子どもの思考が焦点化される。

子どもに任せたとき、子どもたちだけでは気付かない知識は教師が教えます。しかし、**それはゴールではなく、さらに学びを深めるための知識です。**知識・概念というものは、長い年月をかけて人類が獲得してきたものであり、それを短い時間、子どもの力だけで見出そうとするのは難しいケースもあります。様々な展開の工夫や支援によって子どもが自ら獲得できるのなら、それにこしたことはありませんが、そうではない場合、教師はためらわずに教えて構いません。ただし、それがゴールではなく、その知識を使って、さらにその先の世界を見ようとすることが重要なのです。

ちなみにこの知識ですが、授業の最初に教えることで、それを用いてじっくりと思考力、判断力、表現力等を高める流れも考えられますし、前半は子どもに任せ、困ったと感じたときに途中で知識を教える流れもあります。困りがあるからこそ、子どもは新しい知識を必要感をもって獲得しようとします。

または、子どもの試行錯誤の幅が広がること、それ自体に価値を置き、最後に共通の（一般化された）知識として教えることもあります。この場合、その知識が次の時間の学びにつながることになります。

また、学び方（見るべき視点、学習形態、ツールなど）も、最初は子どもたちだけで理解するのは難しい場合もあるでしょう。教師がある程度、提示したり教えたりする必要があります。前章の内容と重なる点もありますが、ここでは具体的に整理したいと思います。

【見るべき視点の例】

・国語の物語文では、言葉にこだわって思いを巡らすと、人物の行動の理由や心情が見えてくる。
・算数では、今まで学んだことが使えないかを考える。自分の考え方が正しいかどうかは、多くのデータを集めて判断する。法則やきまりがないかを考える。
・体育では、「動き（身体）のここを見る」という視点を絞らないと課題は見えてこない。

教科	着目したい視点
国語	・物語文：言葉や表現（言葉の先に意味が隠れているので、子どもは「隠れ言葉」と呼んでいた） ・説明文：何のためにその段落はあるのか
算数	・今までの知識（考え方）が使えないか ・法則化できないか
理科	・それぞれの予想をどうやって証明（明らかに）するか
社会	・木を見て森も見る（部分を理解しながら、全体の流れや構図を把握する）

図13　子どもと考えた視点

【学習形態やツール】

・グループ学習は様々な意見に出合うことができる。ただし、学んだ気になってしまうデメリットもある。
・タブレット端末は簡単に検索できるメリットはあるが、情報の信憑性や情報量の多さなどのデメリットもある。
・教科書はその学年に合わせた言葉を使って、短くまとめられている。

学び方ですが、年間単位で考えるとすると、例えば「1学期は学び方の指導に重点を置く。2学期になったら、少しずつ子どもに学び方を選択させるようにする」と比重を変えます。また、全校で系統性を踏まえた取組にするのなら、「低学年は徹底的に学び方の指導に重点を置く。中学年からは選択させ、高学年では自分に合ったものを考えさせる」といった感じになるでしょう。全校で取り組むことで、例えば中学年を担任したときに、すでに学び方はある程度押さえられているので、1学期から選択させることが可能になります。ま

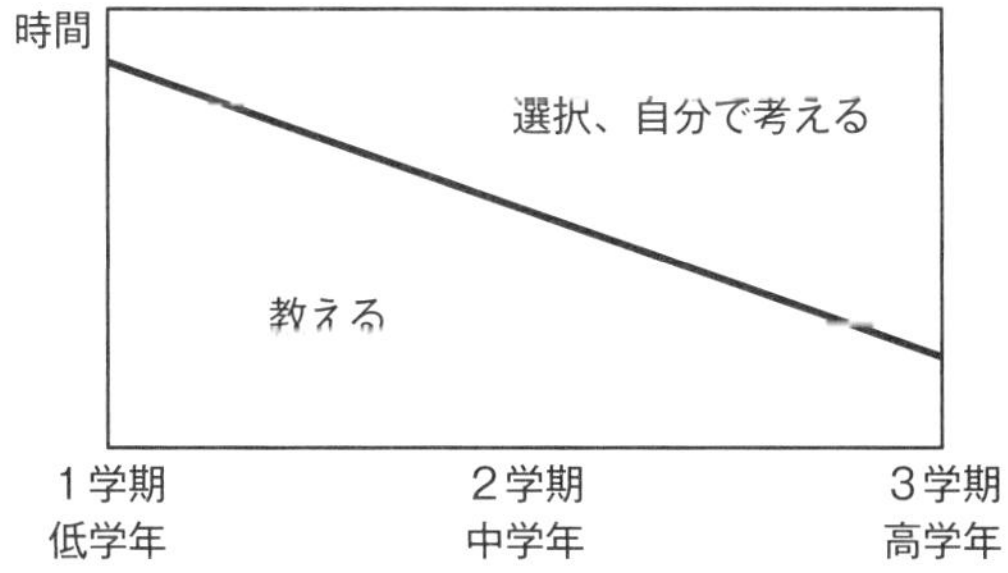

図14　学び方に関する割合

た、子どもから見ても、「あの先生は任せてくれたのに、この先生は任せてくれない」といった不満を抱くことがなくなります。

③子どもとともに創る

子どもの実態（事実）から授業を構想するとなると、必然的に子どもとともに授業を創ることになります。単元をどのように進めるか、どのような教具を使用するか、どういった問いを追究するか…。これらは一方的に教師から与えられるのではなく、子どもの思いや、その子の学びの文脈とともに、子ども自身が決めるものです。また、その子が学びを進めるわけですから、ゴールに対して、自分が今どこにいるのかを知る必要があります。そのためには、単元の全体像を子どもが理解していること、すなわち見通しがなければなりません。この見通しがあることで、「自分は何のために、今この活動を行っているのか」を子ども自身が認識することができます。このように、子ども自身の思いが大切にされ、単元全体を子ども自身が把握できるようにするとなると、必然的に子どもとともに授業を創ることになるわけです。

しかし、この「子どもとともに創る」を履き違えてしまうと大変なことになります。「子どもに任せることが大事だ。子どもがAと言ったからAにしよう」というように、安易に子どもの思いや意見を全面的に取り入れてしまうと、最終的に力が付かないことも考えられます。「活動あって学びなし」の状態が生まれてしまうのです。

「子どもとともに」の主語は、もちろん教師です。教師はクラス全体の実態を把握していますし、教材についての深い洞察と見通しをもっているわけですから、授業を創る場面では大いに出てきて構わないわけです。**クラスとしての方向性、大切にしたいことを加味したり、責任ある立場として「ここは譲れない」ところを示したりするのです。**

受け止めることと受け入れることは似ているようで全く違います。子どもの思いを受け止めることは大切ですが、その全てを受け入れるかどうかは教師としての思い（責任）も含んだ上で決断します。一方、子どもとともに話し合いながら単元の流れなどを考えると、どうしても意見が一つにまとまらない場面が生まれます。クラスには様々な価値観をもった子がいるので、全ての子が満足して決定されることはほぼありません。ですが、希望通りにならなかったとしても、全員の納得を得ることは可能です。そのためには、それぞれの意見を大切にした合意形成が必要です。具体的には、次の視点で合意形成を図ります。

・それぞれの願いが叶う新しい方法はないか。
・それぞれの意見を組み合わせることはできないか。

・その子の願いを叶える別の機会はないか。

④教師があえて行わないこと

「子どもだけでは気付かない新しい知識、学び方は教師が教える」と述べました。そうなると、反対に自分（たち）の力で獲得できるであろう新しい知識や学び方は、あえて教師は教えません。残念なことに、教師が出てくることでかえって子どもは学ばなくなるからです。

もし、子どもの力で進められるのだけれども、気付いていない場合は、状況を教えてあげます。「今、こうなっているよ」と客観的に子どもが状況を理解できるようにすることで、打開策が見つかり、そこから、一気に自分たちで解決していきます。「教える／教えない」という二項対立ではなく、**「教えない↓状況を見える化する↓どの知識が使えそうか一緒に考える」**といった流れで、できるだけ子どもの学びを阻害しないように支援します。

ただし、この場合「待つ」が重要になります。待つことで打開策が見出せるのか、それとも、教師が教えるのか、これらは「待ちながら、教師が見取る」しかありません。見取りについては、このあとに詳細をまとめますが、この**「意図的な待ち」**ができるかどうか、ここが「子どもに任せるか」「放任か」の分かれ道です。

⑤今、どの指導が適しているか見極める

87ページ図11の右上「子どもが自ら学ぶ教育」が重視されていますが、他の「教師主導」「プログラム化された教育」も同時に存在してよいわけです（さすがに「自由放任の教育」は肯定できません）。

大事なことは**「その子が学びを進める」「その子の学びの文脈においては、今、どの指導法が適しているのか」を見極めること**です。「この子は知識を欲しているし、それは教師でないとわからない。ならば、この瞬間は教師主導でいこう」「この子は自分の課題を知って、重点的に取り組むことに楽しさを見出しているな。だったらここはタブレット端末を使ってプログラム化された授業にしよう」と、教師が選択するのです。この場合、子ども主体の学びに主軸を置きながら、それぞれの指導の利点を生かした選択をすることになります。もちろん、子ども自身もこういった視点をもてることで、自分に合った学習方法を選択することができます。

最近は「主体的・対話的で深い学び」の理解が浸透し、大学の教員養成課程でも理論と実践の往還が図られています。そのような中で、若手教師は子ども主体の学びをすぐに実現できると期待しますが、なかなか難しいこともあります。子ども主体の学びはしっかりとした学級経営と教師と子どもとの信頼関係の上に成り立つものです。いきなり大風呂敷を広げ、問いから

解決方法まで全てを子どもに任せてしまったら、収拾がつきません。

自分は今、どこに主軸を置いているのかを把握し、そこからどこへ進もうとしているのか、教師としてどうなりたいのかを考えられるとよいでしょう。

「本当は子どもに任せたいのだけれど、どうしても教師主導になってしまいます」という方も多くいます。焦る必要はありません。今は教師主導で指導法や子どもの見取りなどを学んでいる時期です。それらを学びながら、余裕が出てきたら、少しずつ子どもに任せる機会を増やすようにすればよいのです。

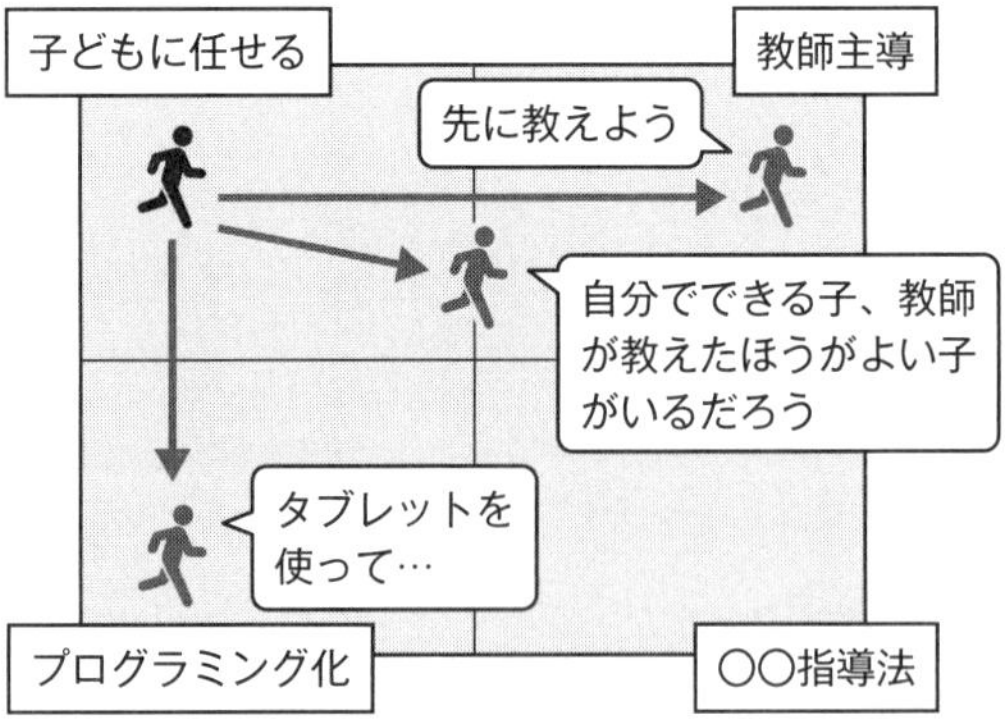

図15　目の前の子どもによって指導法を選ぶ
子ども主体に主軸を置きつつ、様々な指導法の強みを生かす。その教材、単元や一単位時間などで使い分けられるようにする。また、教師の経験年数によっても使い分けが異なる。

提言11 デジタルのメリットとデメリットを考える

①タブレット端末と紙（手書き）の効果を子どもに教える

教育におけるＤＸ（デジタル・トランスフォーメーション）とは、ＩＣＴを駆使してより子どもが主体的に学んだり、深い学びへと進むことを目的としたものです。近年、ＩＣＴの活用の仕方も大きく進展してきました。「子どものノートを画面で共有する」「互いの意見が見られるようにしよう」など、ＩＣＴの利点である情報処理を通して、様々な意見に出合えるようにしています。このような使い方を含めて、個別最適な学びが実現できるようにさらなるデジタル学習基盤の活用が求められています。

ところが、デジタルを活用した場合、「子どもたちの集中力が続かない、考えが深まらない、長文の読み書きができない」などの理由から、スウェーデンでは紙や手書きの重視といった「脱デジタル」へ舵を切っているという報告もあります（読売新聞２０２４年10月22日付）。また、デジタルの様々な活用が求められつつも、実際には繰り返しドリルとして活用する、点数やこれまでのスコアを把握することに活用するに留まっている場合もあるようです。

これらのことから、デジタルと紙の学習効果が曖昧になっていること、そのため現場では教師の肌感覚でデジタルと紙を選択しているという現実があります。そこで、現在、様々な調査が進められている中で、私なりに見えてきたことを簡単にまとめたいと思います。

ただし、様々な研究で一致する結果もあれば、論文によっては異なる結果もありますので、このあたりも十分に考慮する必要があります（意見が異なるものは、図16にそれぞれを記載しています）。

柴田ら（2011）の調査を参考にすると、紙の場合はページの最後のほうを読みながらすでに次のページをめくり始めているので、ページとペ

項目	効果
文章の読み込み	変わらない／長文は紙のほうが効率的
読むスピード	変わらない／紙のほうが速い
書くときの思考	デジタルは書いた文字自体に意識が向く 紙は文章構成や内容にも意識が向く
書くスピード	紙のほうが速い 大きな変更についてはデジタルが速い
わかりやすさ	変わらない
記憶力	紙のほうが高い
集中力	紙のほうが高い

図16　デジタルと紙の学習効果の比較

ージの間が分断されません。よって、文章全体を丸ごと捉えることができます。一方、デジタルの場合には、そのページを全て読み終えてから「ページをめくる」という操作をするので、文章が分断されたままの理解になってしまっている点が懸念されます。もちろん、算数の教科書のように1ページで完結しているものもありますので、一概にはどちらがよいとは言えませんが、教材によって使いこなす必要がありそうです。

また、書く場面では、デジタルの場合、入力すること自体に意識が向き、内容がどうかというよりも、その文章が正しく打てているかに意識が向きやすいと言われています。一方、紙に手書きの場合、もちろん文章が正しく書けているかにも意識が向きますが、段落構成や内容を推敲することに意識が向けられるという結果になっています。

このように見ると、読み、書きの場面では紙に軍配が上がります。計算についての研究は見当たらなかったのですが、ここまでの内容と個人的な実感から同じような結果が出ると予測します。そうなると、学習の基本である「読み、書き、計算」に特化すれば、紙媒体、手書きのほうがよい面が多いことになります。

では、デジタルの利点は何かという話です。紙と同じ土俵で勝負するのではなく、デジタルならではの利点（強み）に目を向ける必要がありそうです。それは、「すぐに検索できること」「記憶できる情報量が多いこと」「データを共有できること」などが挙げられるでしょう。これらはすでに読者の皆さんも実感されていることと思います。情報量が多いことで、自分のこれまでの歩みをストックしておくことができ、どのように学んできたかを把握しやすくなります。それによって、次の学びへと生かせるわけです。また、情報の共有は、誰の意見もすぐに見られるという利点があります。もちろん、見る側に「これについて知りたい」という目的意識がないと情報過多になり、何も見ていないことと同じになってしまいますが、教師から「自分と違う意見を見つけてみよう」「自分と同じ問いをもっている人の考えを見てね」など、ひと声あれば、デジタルの強みは一気に加速します。

こういったデジタルと紙の利点を整理し、それらを子どもと共有してください。これらは、その子が自分で学びを選択するときの選択の根拠になります。ただ闇雲に子どもにツールだけを広げても、その効果（メリット・デメリット）を知らなければ、子どもはただ面白そうなもの、楽なものに飛びつきます。

デジタルの大きなメリットは視覚的で動的、さらに音による情報を提供できる点です。これは特別な支援が必要な子どもに特に大きな効果をもたらします。文字による理解が苦手な子どもは、まず視覚的に物事を理解しようとします。例えば、社会科の学習で自動車工場の工程に関する写真があったとします。そして、その隣にその写真の説明（工程の順番）が文字で書かれていたとしましょう。それだけだと、写真から入ってくる視覚的な情報はその一枚に収められたもの（しかも一瞬）だけであって、どういった動きなのかは文字の説明に頼るしかありません。「何があるか」はわかっても、「それが具体的にどのように機能するのか」はよくわからないわけです。

一方、工程に関する音声付きの動画が流れるデジタル教科書の場合、そのような子どもにとっては実際に動く様子が見え、さらに動きと同時にそれに関する音声が耳から入ってきます。文字からの理解が難しいのであれば、視覚と聴覚による理解へと、その子なりの学び方を実現できるのもデジタルの強みです。実際に授業中、何度も動画を繰り返し見ては理解を深める子どもを多く見てきました。

②丁寧すぎる教科書

最近の教科書は本当によくできています。子どもがどんな問いをもてばよいのか、どのような道筋で解決すればよいのか、答えは何か等々、細かく丁寧に書かれています。極端な話、子どもが家で一人で教科書通りに進めれば、その教科で必要な知識は獲得できてしまいます。

ただ、こういった問いや解決の見通しなどは、本来であれば子どもが考える醍醐味であり、そこが面白いところです。こういった力を我々は子どもに付けさせたいわけです。それなのに、全て教科書に書かれている通りに進めたのでは、そういった力は高まらず、「黙って待っていれば、誰かが指示を出してくれる」という指示待ち人間を育てることになりかねません（誤解があると困るので付け足しますが、私は今の教科書を否定しているわけではありません。後述しますが、「上手く活用すること」が大切と考えています）。丁寧だからこそ、かえって子どもの思考を奪ってしまっている危険性もあるのではないかという提言です。

教科書は、子どもの思考を助ける「補助的な存在」として私は捉えています。どういった問いがあるのか、教科書としての解決の見通しはどうしているかなど、頼りにはしますが、それが全てであるという捉え方はしません。学びの主役である子どもたちはどのように考えるのかが大切であって、困ったときに思考を助けるものとして活用します。

③ノートに何を書くか

教師が書いた板書を、丁寧に間違えずにノートに書いている子がいます。素直でやる気もあるので一生懸命に書き写しているのでしょう。しかし、残念ながら今はタブレット端末があるので、板書を記録することが目的であれば、授業後にカメラで撮れば一瞬で終わります。中には、書き写すことで勉強した気になっている子がいるかもしれません。そうではなく、自分なりの探究（その形跡）を書くのがノートですので、課題に対してどのように解いたのか、その経緯やポイントなどを自分の言葉で書きます。調べ学習で言えば、どのような情報がほしいのかによって、キーワードや要約したものをノートに書けばよいわけです。「ノートは教師の板書を写すのが当たり前」を取り除き、**「何のためにノートに書くのか」**を子どもと考えてみてはいかがでしょうか。

また、そのように考えると、何もノートは紙媒体である必要はないわけです。写真や短いメモなどはタブレット端末の得意分野です。ツール自体も様々なものを、その子が学びやすいように選択できるように環境を整えます。

提言

12

常に子どもの事実から授業を創造する

①教材によって願いや問いが生まれる

私は昔、「問いをもつことが、子ども主体の学びでは大切だ」と考え、導入場面で「はい、じゃあ問いを考えてください」と子どもに言いました。すると、「先生、私は特に不思議なことはありません」と言われてしまいました。「いや、そんなことはない。じっくり考えて問いを出しなさい」と伝えていた自分がいますが、そもそも「考えたいことを考える」というのもおかしな話です。「考えたいことは、子どもの内面から自然に生まれてくるもの」です。そして、自身の内から生まれた願いや問いですから、見せかけのものではなく、本当に追究したい対象になります。

ここでは教科特性から、どのように問いが生まれるのか、その一部を紹介します。

【未知なるものとの出合い】

①これまで見たことのない教材と出合う
②新しい世界への好奇心「どうなっているのだろう」「これは何だ」という問いが生まれる
例：社会「参勤交代の資料を提示する」→「何をしているのだろう」「何のためにやっているのだろう」という問いが生まれる

【理想と現実とのギャップ】

①教材と出合ったときに「こんなふうになってみたい」という願いを抱く
②現実の姿と願い（理想）との間にギャップを感じる
③「あんなふうになるためには、どうすればいいんだろう」という問いが生まれる
例：体育「跳び箱が跳べるようになりたい」→跳べない自分に気付く
→「どうすれば跳べるようになるんだろう」という問いが生まれる

【これまでの概念が崩される】

①これまでの生活の中で培ってきた知識、当たり前と思っていた概念がある
②教材と出合ったとき、これまでとは違う概念に触れる

③「どちらが正しいのだろう」という問いが生まれる

例：算数「三位数÷一位数ができる」↓「三位数÷二位数」で二位数という新しい概念と出合う↓「どうやって商を立てればよいのだろう」という問いが生まれる

【意見の対立】

①教材の解釈で、自分の意見と異なる意見に出合う

②「どうしてそういう意見になるのかな」という問いが生まれる

例：道徳「お年寄りに席を譲るべきだ」「いや、譲れないときもある」

↓「譲れないときってどういうときなのか」という問いが生まれる

【新しい知識と既存の知識がつながる】

①新しい知識が獲得される

②既存の知識とつながることで、新たな問いが生まれる

例：理科「水蒸気はどんなところにも存在する」という新しい知識↓「気温や湿度は日によって変わる」という今までの知識↓「水蒸気の量も日によって変わるのか。場所によって変わるのか」という問いが生まれる

このように教材（教科）の特性を生かすことで、子どもの内側から問いが生まれるだけでなく、教師の意図とは違う方向に授業が進むことを防ぐことができます。なぜなら、その特性によって子どもが考える枠（条件）が設定されるので、思考の焦点化が期待できるからです。教材がもつ「魅力」によって、子どもが考える枠（条件）が設定されるのです。よって、教師が意図しない授業が行われてしまうということはありません。

②現代的な諸課題は答えのない問いを与えてくれる

5年生の子どもたちは、海洋プラスチック問題をはじめとしたゴミ問題を何とか解決できないかと考えていました。そこで、ゴミアートを制作して廊下に掲示したり、学習発表会において全校児童や保護者に伝えたりしていました。身近なゴミ問題を自分事として捉え、一人ではできないことは、他の多くの人たちに情報発信して協力を仰ぐ。非常に優れた実践だなと感じました。

一方、このゴミ問題、特に海洋プラスチック問題は大人の世界でも重要な環境問題として対策が急がれています。各国の代表者が一堂に会し、海洋プラスチック問題をどうするのか真剣な話合いが行われています。そこでは、残念ながら国によっては石油の輸出につながるなどの理由から対策に後ろ向きな意見も出されています。ただ、我々日本もその昔、高度経済成長期において環境汚染を行ってきた歴史があるわけですから、それをなかったことにして、一方的に自分たちの正論を押し付けるわけにはいきません。

こうした話には相手の立場やその文化があるわけで、それを考慮せずに自分たちの意見だけをぶつけても解決は難しいでしょう。自分たちの正論は、相手にとっては正論ではないことを理解し、相手の立場も考慮した打開策をともに見出す必要があるわけです。また、自分たちが生活している世界は全てが正論だけで成り立っているわけではなく、ときに矛盾した関係の上に成立しているものもあります。

教科書に書かれているものは、どれも正しいものばかりです。しかし、ふと生活に目を向けると、そこには正論ばかりとは限らないものもあり、曖昧さを受容することで、互いの文化や考えが大切にされるということもあります。**こういった曖昧さや矛盾に対してより広い視野をもてるように教えてくれるのが、現代社会を取り巻く諸課題なのです。**

③子どもが主体的、協働的であればよいのか

授業中、子どもたちに学習の進め方を任せた場合、水を得た魚のように生き生きと話し合い、自分でタブレット端末や本を開こうとする姿があります。また、友達と何度も話し合い、答えにたどり着く子もいます。

しかし、よく見てみると浅い理解で終わっていることもあります。例えば、理科の発展的な学習において、自分なりの考えをまとめるという時間を想像してください。子どもはこれまでの学びから自分なりに興味のあることをネットで調べます。そして、そこに書かれていることを一生懸命にノートやタブレット端末に書き写しています。それを見て、「主体的に進めている。素晴らしい！」と考えがちです。しかし、中身をよく見てください。確かに文章量は多いかもしれませんが、ネットや教科書に書かれていることをそのまま書き写しているだけになっていませんか。「これってどういう意味？」と尋ねたら「よくわからない」という返事が返ってきませんか。これらはただ書き写すという「作業」をしているだけで、主体的なわけではありません。内容も自分のものになっていないので、わからない言葉でもそのまま使ってしまいます。そして、それを友達に読んで聞かせようとするのですが（話しているほうもわからないのですから）、聞いているほうもわかりません。こういった残念な時間になっているにもかか

わらず、表向きは、「たくさん書いている」「友達によく話している」と評価されてしまいます（本当に学びを自分のものにするのであれば、理解したことを端的に箇条書きにしてまとめる、要約するなどができます）。

また、授業中に子どもに任せた後、子どもたちはどのような会話をしているでしょうか。授業に即した話であればよいのですが、関係ない会話になっている場合もあります。授業に即した会話になっているかどうかは、話の中身を聞いていればすぐにわかります。ここまで極端でないにしても、例えば、誰か一人がずっと話をして、他の子たちは聞いているだけという状況になっていることもよくあります。

このように、多くの授業ではまとめや探究的な学習において、書き写すことで子どもが満足し、それを教師が見取れずに、よしとしている例もありますが、大切なのは「そこで何が学ばれているか」です。**知識を基にさらに深いところまで考えているのか、深い学びになっているのか。ここがとても大切です。**つまり、主体的、協働的な学びは深い理解を得るための「手段として」用いられる必要があります。

自由進度学習が注目されていますが、一見すると、子どもが自分で計画を立て、学習を進めているので主体的で活発に見えます。しかし、実は教科書に書かれている表面的なことを理解しているだけで、そこからさらに深い学びに進めているかどうかというと、ここは注意が必要です。協働的な学びも同様です。友達同士で活発な意見交換ができているからよしではありません。その話合いによって何が学ばれているのか、教師は慎重に見取る必要があるのです。そして、より深い学びへと子どもを誘うためには、教師の役割が重要になります。この点について、これから説明します。

④深い教材研究こそが生命線

深い学びの捉え方ですが、私は「より多面的で他の知識とつながりのある理解」と捉えています。子どもだけで到達できればもちろんよいのですが、なかなかそこまで求めるのは難しいでしょう。そこで、教師の支援やどのように立ち振る舞うのかが重要になります。この支援や立ち振る舞いを下支えしているのが、深い教材研究（教材解釈の意味も含む）です。

教材研究を行う目的は様々ですが、最も大きいのは**多様な子どもの考え方を受け入れられる点**です。例えば、算数の学習で、教科書に書かれている考え方以外のものが子どもから出されたとします。教材研究が一面的な教師は「それは違うよ」「時間がかかるんじゃない」と言い、すぐに教科書の考え方（教師の解釈）に引き戻そうとします。結果、子どもの算数の世界観は教科書に書かれている範囲を超えることはありません。

一方、教材研究を十分に行っている教師は「この子はこのように考えたんだな。しかし、ここで行き止まりに気付くだろう」「この考えは新しいな。教科書のこの考えと似ているけれど、その違いを明確にすれば使える子も出てくるだろう」など、子どもの様々な考え方を広い枠で捉えることができます。そして、ここまでであれば修正できる、ここで方向転換されるだろうと見通しをもつことができます。教材研究は、子どもの反応に対する教師の受け止めの枠を広げる作業でもあるというわけです。また、教材研究によって前の学年からの流れや今後のつながりなど、教科の系統性を視野に入れて、その子の考えを捉えることができます。

教師の受け止めの枠を広くしておくことは、子どもの学力（認知能力、非認知能力）を高めることにつながります。なぜなら、**様々な考えが許容されるということは、遠回りが許されるということであり、遠回りしたからこそ、様々な景色（考え方、学び方）が見えるからです。**なぜ間違えたのか、どのように考えればよいのかなど、子どもは自分自身の考え方や学び方を認識し、ときには修正します。そこで経験したことや見た景色などは、その子の次の学習や他教科の学習に生かされます。

また、協働の視点で言うと、友達の経験や見てきた景色を自分も見ることができます。教師の受け止める枠が狭いと子どもたちの経験や景色も狭く、そこに差異はあまりないのですが、枠が広いと各々の子どもの見る世界が広がるので、それだけ多様な考え方や学び方に接することができます（図17）。

新しい教育観に慣れてくると子どもは自らの力で学びを進めるので、それを見た教師は子どもの主体性に安心しきってしまうこともときにあります。しかし、それでは子どもは表面上の学びに終始し、見える景色も狭くなってしまいま

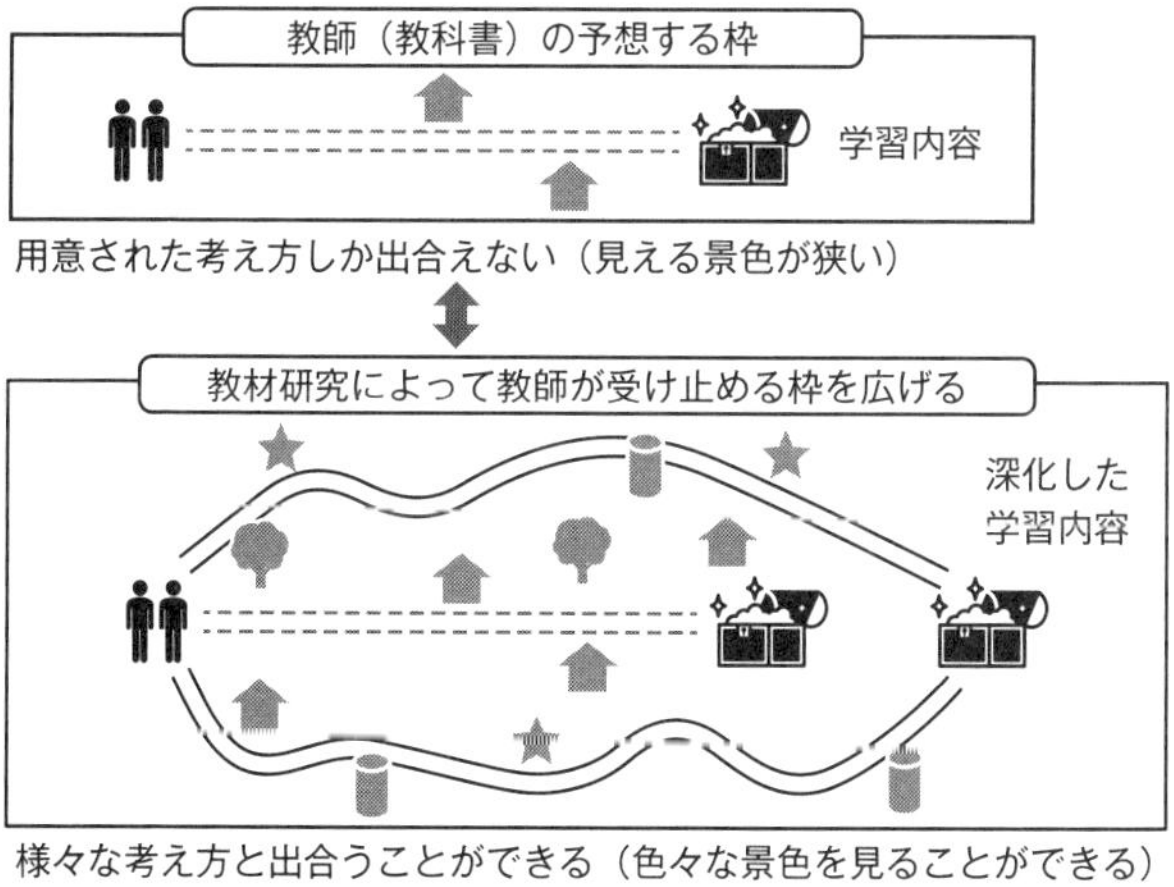

図17　教材研究によって考え方の枠が広がる

教師が様々な考えを受け止める準備ができているため、子どもは多くの考えに出合い、深化した学習内容を得られる。

す。より高みに到達するためには、子ども以上に教師の深い教材研究が必要不可欠です。子どもが自ら学び、力を付けるためには、ここが生命線であると私は強く感じます。

⑤学び方と学んだ結果をセットで振り返る

少し前ですが、**「個別最適な学びの主語は誰か」**といった議論が展開されていました。個別最適な学びにするのは教師なのか、子ども自身なのかという話です。**私は両者だと考えています。**まだ小さい子どもが、自分の学習状況や学び方を客観的に把握することは難しいでしょう。教師はプロとしての責任をもって、その子の現在地を把握し、伝える必要があります。ただ、それだけだと子どもは「学びは先生に任せておけばいいや」となってしまうでしょう。そうではなく、学びの主役である子どもも、自分自身の学習状況を把握する必要があります。それはエージェンシーという言葉の定義にも表されています。エージェンシーは「変化を起こすために自分で目標を設定し、責任をもって行動する能力」と定義されています。

自分の学習状況を把握するために重要なのが**「振り返り」**です。この振り返りという言葉はどのクラスでも使われているくらい当たり前の視点ですが、「振り返りが大切と言われているから」という理由だけで、形式的なものになっていないでしょうか。ここでも意味を考えてみましょう。そもそも、振り返りは何のために行うのでしょうか。それは、子どもが自分の学び方を見つめ直し、次にどうするかの戦略を立てるためです。

このように考えると、振り返りの中身も大きく異なってきます。具体的には単元（一単位時間）終了時に**「学び方」についての振り返り**をするとよいと思います。その際、学習の結果（成果）とセットで振り返ります。

「自分は今回、友達にばかり頼ってしまっていた。自分が本当に理解できていたかまでは考えていなかった。だから、思うような成果が出なかったな」

「私はただ黒板の文字をノートに書くのではなく、自分の疑問やわかっていないことにチェックを入れてまとめた。だから、満足のいく結果が出た」という具合です。

また、振り返りのときに、「上手くいった」「上手くいかなかった」ことの原因を何に求めるかも大切な視点です。波多野ら（1981）は大きく「能力」と「努力」に要因があるとしています。そして、努力の量と質に着目させることが大切であると述べています。努力は自分でコントロールできるものですから、「自分の力で改善できた」という経験が自己肯定感につながり、「やればできるんだ」というモチベーションに変わります。ところが、自身の能力に結び付けた振り返りの場合、能力は自分ではコントロールできませんので、「できなかったのは、私にはその能力（センス）がないからだ」という結論に達します。そして、「次もどうせできないよ」と自己肯定感が下がり、意欲は低下します。

自身の今を客観的な成果で把握しつつ、そのように至った要因をこれまでの学び方から把握する。その際、努力の量と質に着目させることで、次への具体的な展望が見えてきます。

【振り返りの具体例】

・漢字が覚えられていない
↓これまでは、闇雲にただ書く量を増やし、マスを埋めることを大切にしてきた
↓理解できた漢字とできていない漢字を把握し、できていないものだけを練習する

・(中学生であれば) 理科のテストで教科書に載っていない問題が解けていない
↓教科書に載っている語句やポイントを理解して満足していた
↓授業中に教科書以外のポイントもメモに書き、後で見られるようにしておく

こうした学び方を身に付けるには、子どもだけでは難しい場合もあります。そのため、教師が積極的に前に出て、具体的な例を示すことで、選択肢の幅を広げます。単に『学び方を考えなさい』では、子どもは何をどうすればよいか、わかりません。具体例が必要です。また、友達の学び方を真似するという方法もあります。タブレット端末を使い、お互いの学び方を含めた振り返りを共有することで、友達がどのように学んでいるのかを知ることができます。普段、なかなか聞けない子であっても、共有され、いつでも見られるようにしておけば気軽に見ることができます。タブレット端末の強みはここでも生かすことができます。

また、評価についてですが、評価はその子が自身の現在の位置を知り、どのように歩むか見通しがもてることを目的の一つとします。ですから、今どうなっているかがわかるように、言葉や客観的事実で伝えます。ただ、最初から「評価するために」子どもを見取るのではありません。その子のこれまでの文脈（物語）を教師がつかむために見取ります。その上で適切な言葉をかけます。結果、それが評価になるのです。子どもは評価をされるために、そこにいるのでは決してありません。

提言 13

見取りの力なくして個別最適な学びなし

①その子の「今」を見取る

さて、ここからは「実際の授業において教師は何をするのか」という話です。教師の役割として最も重要なことは、**子どもの見取り**です。見取りという言葉はよく使われるので、その重要性は認識されているものの、では実際に何を見ればよいのか、見取ってどうするのかという話になると、一気に難しくなります。本書では、読者の皆さんにより理解しやすくするため、先にポイントだけ示し、具体的な事例を128ページの⑦に書きます。

まず、何のために見取るかについてです（見取りの目的）。

①基礎・基本を定着させるため
②深い学びへと誘うため

①だけだと、ただの管理になってしまい、子どもは「点数が高ければよい」「みんなと同じことをやっていればよい」という認識になってしまいます。もちろん、これらも大切なのですが、学んだ知識を用いて深い学びを実現するわけですから、②がより重要になります。

前述しましたが、子どもだけの力でその教材の奥深くまでたどり着くことはなかなか難しいものがあります。そこには深い洞察と豊かな教材解釈をもった教師の存在が必要になります。しかし、教師は闇雲に子どもを深い学びへと引っ張るのではなく、子どもの状況（事実）を見取り、どうしたら深い学びへと誘うことができるのかを考えるわけです。

では、①②を実現するために何を見取るのかという話です。

・その子はどんな考え方をもっているのか
・今後、学びが進められるか／停滞しそうか
・進められるとしたら、どんな学びになりそうか
・停滞するとしたら、教師はどんな支援が必要か（教師は出てこないほうがよいか）

大まかに整理するとこのくらいかと思います。大切なことは、目に見える現象ではなく、その現象の先にある「その子の文脈」を見取ることです。わかりやすく発言の場面を例にして説

明します。

教師は挙手した子どもを「意欲的でよく考えている」と見ることがあります。しかし、手を挙げること自体が目的になっていて、深くは考えておらず、浅い考えのまま手を挙げているだけかもしれません（もちろん、じっくりと考えている可能性もあります）。一方、手を挙げていない子どもは、もしかしたらじっくりと時間をかけて思考しているのかもしれません。しかし、目に見える現象だけで教師が判断してしまったら、「意欲のない子」になってしまいます。その現象の先にある「その子の文脈」に目を向けてほしいのです。

また、教師が見取りをしようとする際、必ずと言ってよいほど、それまでの経験が邪魔をしてきます。「あの子は算数が苦手だから」「あの子はいつもトラブルばかり起こすから」というフィルターがかかることを自覚しなければなりません。もちろん、それらは判断材料になりますが、足かせにもなります。例えば、文章の読み取りが苦手なヒロシ君がいるとしましょう。個人で読み取る時間、教師はヒロシ君のところへ行きました。ヒロシ君は真剣に文章を読んでいます。しかし、ヒロシ君の学習上の課題を知っている教師は「このとき、主人公は悲しかったのかな」と、先回りしてかなり具体的な質問をしました。それもまだ、ヒロシ君が自分で考えていないにもかかわらずです。教師としては、親切心からの行動でしょう。しかし、もしかしたらヒロシ君は自分で考えられた（考えられるようになっていた）のかもしれませんし、難しかったら友達に相談をしたかもしれません。

「この子はこういう子どもだから」「前年度の子どもたちは、こうだったから」といった経験から来る判断材料は非常に重要です。しかし、子どもは「今そのとき」を生きています。過去がどうだったかではなく、**「今、どうなっているのか」**を見取ることで、その子を多面的に理解することができますし、可能性を伸ばすことにもつながります。

②子ども同士をつなぐ

では、実際に子どもを見取って、どうするのかという話です。教師の行う支援の一つに**「子ども同士をつなぐ」**というものがあります。これは、教師が多様な教材解釈をもっていることで、誰と誰の解釈を出合わせるのかが見えてきます（もちろん、教師の解釈はあくまでも一つの考え方として手放すことも視野に入れます）。これは、教材に対する深い理解がある教師だからこそできる支援です。子ども同士をつなぐと、次のような化学反応が起こります。

・解き方がわからない子とわかった子を出合わせる→子ども同士の教え合いを生む

・Aという意見とBという意見を出合わせる→A'もしくはCという考えを生み出す
・違う学び方に出合わせる→よりその子に合った学び方で追究できるようにする
・違う問いに出合わせる→問いの出し方や視点を広げ、学びのスパイラルを自ら回させる

もちろん、自分から友達に話に行ければよいですが、そういう子ばかりではありませんので、そこを教師がつなぎます。もしくは、子どもだけに任せたのでは、仲良しの子だけの意見を聞いておしまいになる危険性があります。仲良しかどうかでつなげるのではなく、考えを出合わせたときに、「より深い学びへと化学反応が起きるだろう」という視点でつなげます。そのために、何度も言いますが教師の深い教材解釈が必要なのです。この教材解釈がないと、基準や視点がないままに子どもを見取ることになり、行き当たりばったりで脈絡なく子ども同士をつなぐことになってしまいます。

③次なる戦略を立てる

子どもの「今」を見取ったとき、個々の子どもをどう指導するかを考えることも重要ですが、全体をどう指導するかという視点も必要です。以下、全体を見取ったとき、教師がどうい

った視点で戦略を立てるとよいかをまとめました。

【戦略1：知識、視点をつなぐ（例）】

・あの子の意見を全体に広げれば、一人ひとりに新しい視点が加わるだろう
・どの順番で発表させれば、子どもの思考に即しているか
・子どもだけでは気付かない知識（視点）をどのタイミングで教えるか

【戦略2：探究の環境を整える（例）】

・教師主導でここまで連れていき、そこから手を放そうかな
・単元計画を修正し、探究の時間をあと1時間確保したほうがいいな
・この教科では、学び方を修正し、よりよい方法を教えたほうがいいな

このように、個々の子どもだけでなくクラス全体を見取り、次の戦略を立てます。「木を見て森を見ず」「森を見て木を見ず」ではなく、**「木を見て、森も見る」**という意識が必要です。

私は、一人ひとりに対応しながらも常に全体の空気感を感じられるよう、全体を見る時間もできるだけ確保するようにしています。最初は難しいかもしれませんが、慣れてくると個人を見

ながら、全体も把握することができるようになってきます。

④「何もしない」という支援

何もしないからこそ、自らの力を使って解決しようとする意欲が湧いてくることもあります。周囲の大人が余計なことは言わず、黙ってそっと見守ることで、その子の伸びる力が発現するわけです。例えば、その子が上手くいかないことがあって、考え込んでいたとします。すぐに声をかけたいところですが、これまでの生活から、その子だったら自分の力で立ち上がることが期待できるとします。その場合、その子が自らの力で乗り越えることを信じ、ただ見守ることに徹します。

「先生はいつもあなたのことを信じて、見守っているよ」という思いは、必ず子どもに届いています。「目は口ほどにものを言う」とあるように、教師の視線は、多くの言葉を並べるよりも、よっぽど大きな支援になっているのです。

⑤三つの目で話合いに参加する

ここからは話合いの場面に焦点を当てて、どのように子どもを見取るのかを考えます。話合いの場面では、次の三つの目（視点）をもって参加します。

①学級経営者としての目（学習規律や誰が発言したか）
②ファシリテーターとしての目（誰の意見を採用するか、どの順番で発表するか、誰と誰の意見をつなぐか）
③共同探究者としての目（子どもとともに教材をより深く解釈しようとする）

①②だけだと、教師の解釈をいかに効率的に獲得するかという話に陥ってしまいます。これからは、基本的な知識を基に、その子なりのマイゴール（点ではなく線で捉え

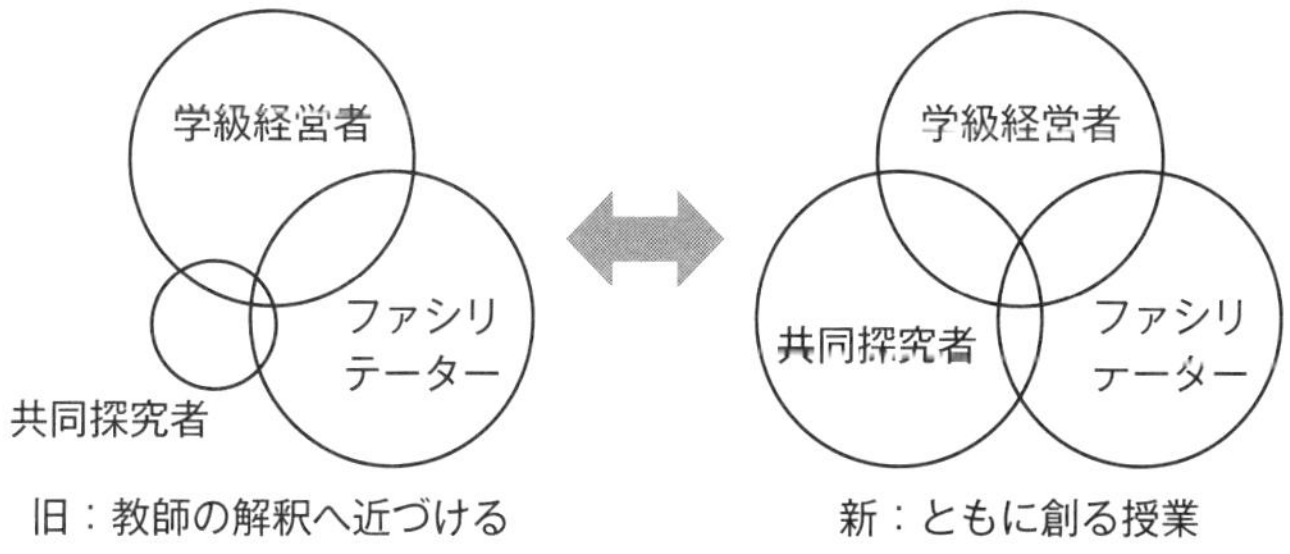

図18　三つの目のバランスをとる
どれか一つでも小さくなってしまうと、主体的で深い学びにならない。

る）といった学力観ですから、教師の解釈を押し付けるのではなく、様々な解釈が容認されるわけです。そうなると、③も必要になります。子どもたちと同じ目線に立ち、一緒に教材を味わおうとする目です。もちろん教師は教材についてすでに知っているわけですから、既知のもので満足することもできますが、そういった教師の固定化された解釈だけだと、子どもの豊かな考えを受け止めることは難しくなります。教材は深く掘れば掘るほど魅力が詰まっているものです。ですから、「もっと違う視点や解釈はないか」という**教師自身の探究意欲**が必要であり、それがあるからこそ、目の前の子どもの豊かな発想を受け止めることができます。

教師はこの三つの目を同時にもちながら、子どもたちの話合いを聞いているわけです。ただ子どもの意見を聞いているだけでなく、それらをどうつなげ、新しいものを生み出すのか必死になって考えます。そして、生み出されたものを子どもとともに感動できる、そういった姿が求められます。もちろんこうした目は、子どもを見取る全ての場面で必要なものです。一人ひとりの言葉かけもこのような意識で行います。

⑥授業中に起きる「ズレ」こそが、修正のタイミング

教師は、事前に教材研究に基づく計画や見通しを立てます。しかし、実際に子どもに授業を

してみると、本来、準備していたものとは異なる反応になる場合が多々あります。こうすれば子どもは夢中になるだろうと思っていたのに、いまいち乗ってこない。こういったズレは誰にでも起きますし、それが自然です。

では、ズレに気付いた場合、教師はどういう反応をするでしょうか。「授業は教師が教えるものだ」という教育観をもっている教師は、このズレを子どもに原因があると考えます。教師のもっていきたい方向に向かないのは、その子のせいではないかと考えるわけです。この場合、その教師は授業中のズレを「よくないもの」として認識します。

一方、「授業は子どもとともに創るものだ」という教育観をもった教師は、このズレをごく自然なものとして受け入れます。子どもが学ぶというのは不確実な要素が強いわけですから、当然、教師の方向とはズレると捉えます。この場合、その教師はズレをどうやって修正するかを考えます。そのまま見守れば修正されるのか、それとも別の手立てが必要になるのか、もしくは思い切って授業展開そのものを大きく変えてしまうなど、目の前の子どもの事実に即して次なる一手を考えます。ズレは授業中、当たり前のように起こります。そのときこそが修正するか（しないのか）を考えるタイミングであり、教師としての力量が試される勝負所です。

ここまで、子どもの見取りについて述べてきました。多くのページ数を割いたのは、この見取りこそが子ども主体の学び実現の鍵を握っているからです。とはいえ、見取りの話をすると「クラスの子どもたち一人ひとりが何を考えているか把握しようとするのは、時間的に不可能に近いです」といった意見をいただきます。

確かに学習の進め方によっては、全員を完璧に見取ることは難しいかもしれません。しかし、見取る時間を確保できる授業展開にしたり、「これだけは必ず見取ろう」と目的意識をもって机間指導したりすることで、効率的に見取ることができます。

⑦実践事例【6年生：国語『やまなし』】

それでは、本章でここまで述べてきたことを私の実践から具体的に示したいと思います。

【指導事項】
- 比喩表現に着目して、作品の情景や心情を読み取る（知・技）
- 様々な情報を基に、作者の生き方を考えている（思・判・表）
- 自ら問いをもち、追究し続けようとしている（学・人）

事前の教材研究　※アミカケ箇所は本書で述べた視点　Tは授業者、Cは子ども

深い教材解釈こそが生命線。

1　教科書をコピーして、教師なりの問いを書き込む。
2　叙述を基に自分なりの解釈を書き込む（子どもと同じことを行ってみる）。
3　指導書に書かれている作品についての解釈を読み込む。
4　もう一度、自分の問いに戻り、各々の問いと解釈がどのようにつながるか検討する。
5　同僚の教師と話し合い、新しい解釈を得る。
※これらは隙間の時間や夏休みなどに行うことが多い。

1時間目

未知なるものとの出合いから問いが生まれる。

T　宮沢賢治の『やまなし』を知っているかな？

C　いや、知らない。

T　先生が小学生のときも勉強したよ。

C　へぇ、ずっと教科書に載っているんだね。

T　じゃあ、この物語でどんなことを考えたい？

C　宮沢賢治の作品のどんなところがいいのか。

宮沢賢治の作品が永く読み継がれていることを話題にし、教材に対する思いを膨らませることで、子どもの中で「どんな魅力があるのか」という問いをもつに至りました。

授業をともに創る中で、教師から問いを提示することももちろんある。

T　あと、先生からは宮沢賢治の生き方も考えてほしいなって思っている。

C　生き方かぁ。なんだか難しそう。

T　宮沢賢治の生き方と君たち自身の生き方を重ねてほしいんだ。

子どもは本来、自分で学びを進めたいと思っている。

T　じゃあ、どんなふうに単元を進めていこうか？

C　いつも通り、自分たちで問いを出して、必要なら友達に聞くやり方で進めたい！

T　わかった。それなら、これから物語を読むけど、どんなことを考えながら読む？

C　「不思議だな」って思うところにラインを引く。

C　「表現がいいな」っていうところもラインを引きたい。

T　わかった、そうしよう。

その後、範読。問いを短冊に書き、書いた人から黒板に貼ります。「似た問いの近くに貼りましょう」という指示を出したので、どんな問いがあるのか、何も言わなくても互いの短冊を子どもたちは読んでいました。

その子が自ら学べる環境を整える。

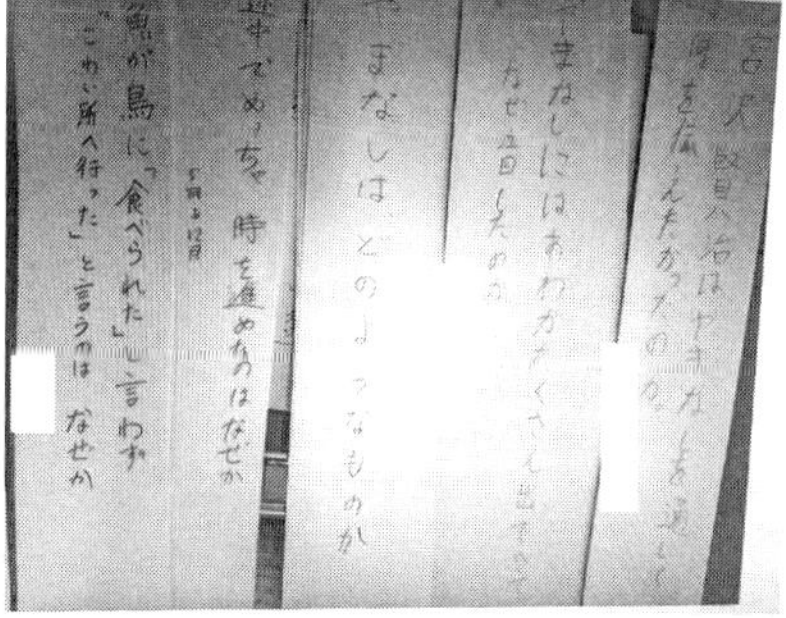

子どもが書いた問い

ワークシートは、４種類を用意しました。

①教科書を１ページずつ印刷したもの。

②自分の考えと友達の考えを分けて書けるもの。

③教科書を縮小し、４ページを１枚に集約したもの。

④白紙（これが最も人気が高かった）。

また、教師は誰がどの問いをもっているかを把握し、下の写真のように一覧にして黒板に張り出しました。そして子どもたちは、今、どの問いを考えているか、名前マグネットを貼ります。こうすることで、誰に話を聞けばよいか、誰と一緒に学ぶかを視覚的に見ることができます。さらに、これらの問いは意図的に並べています。それは、今後、問い同士がつながってくることを意識してのことです。

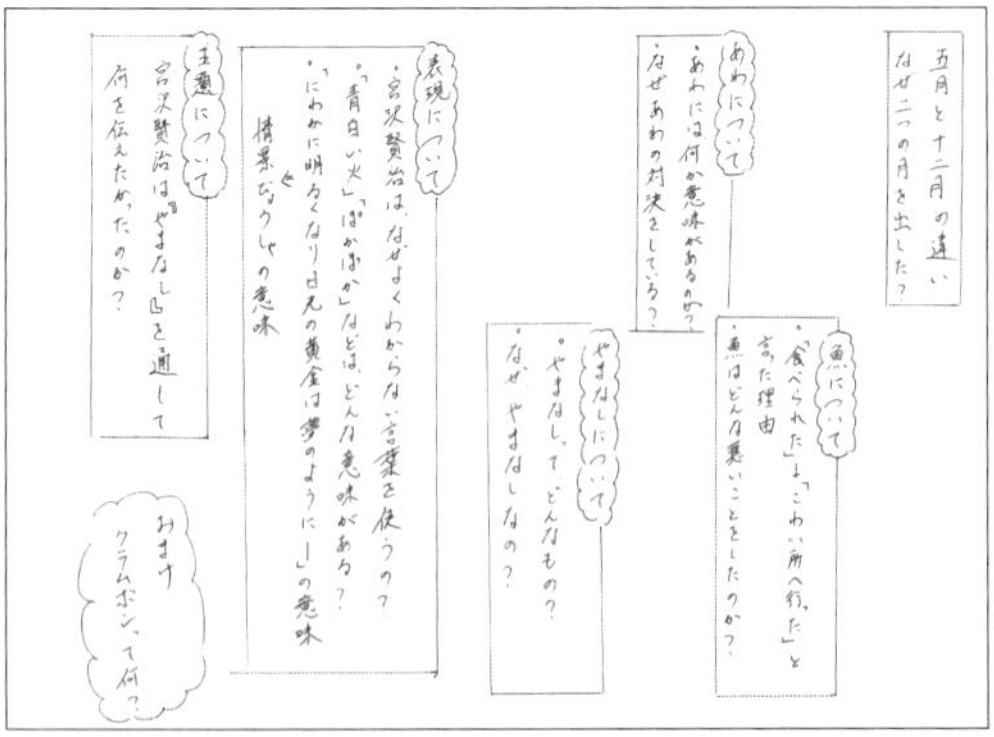

子どもが出した問いを一覧にして掲示する

2時間目

その子の今の文脈（事実）をつかみ、戦略を立てる。

早速、個人追究を始めます。

【やまなしを探究する子】

やまなしが何かを考える子はタブレット端末を開いて、やまなしを検索します。ところが、出てくるのは「梨」の仲間であること、収穫時期がいつかなどしか出てきません。

C　やまなしがどうして出てくるのだろう。

教師はこの子たちの様子を見ながら、表面的で目に見えるものだけで解釈しようとしていると感じました。教師はメモに「比較、比喩」と書き留めました。

【魚とカワセミを探究する子】

単に「魚＝悪者」であちこちをさまよっているという解釈になっており、魚とカワセミの「とる／とられる関係」にまでたどり着いていない様子です。自分たちだけでは深い解釈までたどり着けないので、どこかで「命」に気付かせる必要があると感じました。でも誰が、どのようにして気付かせるかまでは、この時点ではわかりませんでした。

子どもは任されれば、これまで獲得したスキルを用いて、自ら解決しようとする。

【表現技法を探究する子】

表現技法から読み込もうとしている子は、5年生で学んだ「情景描写」に着目したようです。

C　青白いほのおは、何かの気持ちを表しているのではないか。

C　青、金、白などの色はどんな意味なのか。

このように、既習事項を手掛かりに進めていました。しかし、ここでも思うように進みません。宮沢賢治の作品は、手助けなしには解釈が難しい教材です。教師は魚とカワセミの関係が命の奪い合いであることをきっかけにすることで、表現技法の解釈も進むのではないかと予測を立てました。先に命の奪い合いに焦点化する必要性があると考えたのです。

3時間目

共同探究者としての立ち位置で、ともに考える。

【魚とカワセミを探究する子】

「カワセミが魚を食べた、殺したんじゃないか」と書いたサクラさん。教師はここから風穴を開けようと決めます。周囲に聞こえる声で、

T カワセミが魚を食べた。すごい意見！ じゃあ、食べられた魚はこれまで何を食べていたの？

C もっと小さな魚とかプランクトンとか？

T そうだねえ。ということは、ここで「とっているんだよ」は、何をとっているのかな？

C 自分よりも小さな魚。

（ここで教師が補足する）

T なるほど、つまり、命をとったってことかぁ。

C うん、そうそう。

このやり取りを聞いていたマサシ君：命をとったり、とられたりするのって、弱肉強食って

言うんだよ。

T　そうかぁ、じゃあ、5月は命の奪い合い。弱肉強食の世界っていうことか。

ここで一度、しばらく様子を見ることにしました。

【人物像から探究する子】

他の子のところへ行くと、なにやら二人で『イーハトーブの夢』（賢治の伝記のようなもの。補助教材として教科書に掲載）を読んで、話し合っていました。

C　賢治は、最後まで人のためになりたいって思っていたんじゃない？

C　銀河鉄道の夜って、賢治の妹が死んでから書いたんだって。妹に会いに行きたかったんじゃないかな。

話合いを聞いていると、この二人はこれまで学習した人物像に着目し、宮沢賢治の性格とこの物語をつなげようとしていました。

実は教師は『イーハトーブの夢』を単元のどこで扱うか悩んでいました。最初にもってきてもよいのですが、それだと教師が押し付けているような気がしていました。子どもが必要と感じたときに読みたいと考えていました。

T　なんで読んでいるの？

C　だって人物像がわからないと、作者が伝えたいことがわからないから。
他の子たちが表面上の解釈で終わっていることを総合的に考え、次の時間に『イーハトーブの夢』を読むことに決めました。

4時間目

考える拠り所をつくる（思考の焦点化）。

【思考を焦点化させ、拠り所をつくる】

『イーハトーブの夢』を通読し、どんなことが心に残ったのか聞きました。「人のために働く人」「自然も人間も大切にする人」などが挙げられ、教師から最後に「自然と人間の共生」という言葉を教えて、授業を終えました。自然と災害、そして、宮沢賢治自身が他の人のために生きたことがキーワードとして残されており、「生きる」「命」といった言葉が表に現れ始めました。

5時間目

教師から教える（点で合わせる）ことと、子どもに考えさせること。

これまでに、子どもは「命」「生き方」といったキーワードが頭に入っていたので、ここがチャンスだと思い、この時間の途中、比喩表現について説明しました。やまなし、魚などは実際のものではなく、何かの象徴として表されている場合もある、という新しい視点を提示することで、これまで子どもたちが考えていたキーワード（情報）がつながることを期待しました。

子どもは試行錯誤を繰り返しながら学んでいる（試行錯誤が許される自由度）。

「あわ」を追究していた子どもたちは、どのような比喩なのかを考えていましたが、「これは難しすぎるから、ちょっと他の問題にいこう」と変更することにしました。今はわからなくても、他のものを考えているうちに「あわの正体がわかるかもしれない」と考えたのです。そこで「青白い火」「青白い炎」を比較することにしました。「火と炎では炎のほうが大きい。だから、賢治の心が燃えていることを表しているのではないか」という発言があったので、これまでよりもずっと宮沢賢治の世界観に入ってきていることがわかります。

子ども同士をつなげる：新しい視点をもってくる。

【魚とやまなしを比べる子】

先に布石を打っていたサクラさんとマサシ君が「魚とカワセミは命の奪い合いをしている」と書いていたので、同じ問いを追究している子に「サクラさんのところに行っておいで」「マサシ君、こっちに来て」と、子ども同士をつなげます。すると、それを聞いた子が「なるほど！ 命をとるから悪いことをしているのか」と自分の解釈をより深めていきました。しかし、これで終わりません。「だったら、それと比較されているやまなしは、どんな意味になるかな？」と新しい視点をもってきます。

しかし、なかなか話合いは進みませんでした。そこで、

T やまなしは人間で言ったら大人？ 子ども？ お年寄り？

C お年寄り！ だって、もうすぐ命がなくなるから。

C あ！ 自分の命がなくなって…お酒になる！

C 「いいにおいだな」って言っているから、お酒はカニの親子にとって幸せなものなんじゃ

ないかな。

C　川の癒やし的なものってこと？

子どもたちは、これまでの個人追究で様々な問いを解決していました。しかし、それら「部分」の解釈は深まっていても、それらがつながらない状態でした。そこで、教師が「やまなしは人間では何歳くらいなのか」というきっかけをつくりました。これにより、これまでの思考が溢れ出し、それらがつながっていったのです。

ここで注目すべき点は、各々の子どもの学びがつながっている点です。自分で部分だけを解釈して終わりでは、なんとなく勉強した気になってしまいます。そうではなく、自分の解釈が人の解釈とつながり、それによって、さらに深い読み取りへとつながる面白さ（知的な面白さ）を感じられたようです。

教師は、あくまでもそれらをつなぐきっかけをつくったにすぎません。どのようにつながるかは子どもたちが考えるところです。「環境をつくったら、教師は待つ」、教師があえて踏み込まず待つことで、子どもたちは「つながる面白さ＝学ぶ楽しさ」が得られます。

子どもたちは確かに主体的、協働的に授業に臨んでいました。しかし、私はそれでよしとするわけにはいきませんでした。それらは深い解釈に導くための手段だからです。それらを活用して、さらに深い世界観まで連れていきたいというのが、私の願いでしたまた、ここで大切なことは教材研究をしっかりと行い、私なりの解釈をもって子どもの見取りを行っている点です。この自分なりの解釈がなければなんでもよいになってしまい、授業中、何を見ればよいか、見てどうすればよいのかがわかりません。

ただし、教師なりの解釈をもって見取りますが、それはあくまでも教師なりの解釈であることを常に意識し、ときにはそれを棚の上に置いておくことも忘れません。なぜなら、その子なりの解釈を受け入れ、認めるためには、ときに教師の解釈が邪魔になることもあるからです。

その子には今、どんな学び方が適しているか見極める（個別最適な学び）。

もちろん、中には自分の力で進めることが難しい子もいます。その子たちを呼んで、教師を含めたグループをつくりました。その中で魚とやまなしの意味を考えます。ここではかなり私が引っ張っていく形になりましたが、私はそれでよいと思っています。全員が同じように学ぶ必要はありません。個人で行いたい子、友達と行いたい子、そして、「先生にしっかりと教えてもらいたい」という子もいます。

よく、子ども主体の学びを行うと、自分で学びを進められない子が困るのではないかという不安を聞きます。しかし、それは全く逆です。クラス全体が自ら学べるようになっていると、理解が難しい子に教師は時間をかけることができます。むしろ、一斉指導のほうが、そういった子に時間がかけられず歯がゆい思いをします。

実際、私が先に「カワセミは命を奪うもの、やまなしは命を与えるものではないか」というように、意味を教えると、子どもは友達と話をしながら、「やまなしは兄弟喧嘩を止める癒やしなんじゃないか」と、さらに自分なりの解釈を加えるまでになっていました。

6・7時間目

新たな問いが生まれる。

サクラさんの様子を伺うと、「やまなしっていう題名にしたのはどうして？」とさらに自分で新しい問いを生み出していました。子どもが問いをもつのは、何も教材と出合ったときばかりではありません。こうやって教材解釈が進むにつれて、新たな問いが生まれるのです。しかも、単元の途中に生まれた問いは、実に洗練された深みのある問いであることが多いのです。

サクラさんは友達との話合いの結果、「やまなしは賢治の理想的な死に方だったのではないか。イーハトーブでは最後に自分が病気になっているのに、農家の手伝いに行っている。これとやまなしって似ている。だから、やまなしは賢治そのものであり、こうやって死んでいきたいって思っていたんじゃないかな」と解釈していました。もちろん、サクラさんのこうした考えは、教師が他の子へどんどんつなぎます。サクラさんの話を聞いた男の子は、「賢治が生まれたのは自然災害の多い時代だった。自然には勝てないと思っていたんだろう。だから、自然と一緒に生きることを大切にしたんじゃないかな」と考えを述べていました。

このあたりまで来ると、子どもから「先生、クラスのみんなの考えを知りたい」という意見が出ました。

T　どうして知りたいの？

C　いろいろな考えを聞いたら、もっと自分の考えが広がるんじゃないかなって思うから。

このような返答がありましたが、まだ追究したい子もいることから、タブレット端末を活用することにしました。タブレット端末があれば他の人の意見を知りたい子はそうするし、個人追究したい子は見なければよいだけの話です。

「友達と考えを共有しなさい」と教師が言わなくても、子どもは必要性を感じれば話合いを始めます。ましてや、本単元のように、自分なりの解釈がかなり深まっている面白さを感じている場合、他の子の考えにも触れたいと思うのが自然なのでしょう。

単元最後の子どもの感想

【最初、カワセミとやまなしの比較から追究した子】

カワセミ、魚：命を奪う／奪われる存在。生きるためには命を奪わなければならない。

やまなし：自らの命を他者の幸せのために使う。与えるのみであり、報酬は望んでいない。

【最初、情景描写から追究した子】

・５月は春。暖かく楽しいイメージだが、一方で命の奪い合いだから青黒い、暗いなどの表現も入っている。
・12月は冬だから暗くて、寂しいイメージ。しかし、一方で白や黄金などの幸せを表す表現も入っている。

【最初、情景描写を試行錯誤していた子】

・やまなしが宮沢賢治そのものだとすると、金剛石＝命の輝き。
・青白い炎＝賢治が人のために生きようとする力強さ。

【最初、人物像から追究した子】

・生きるためには人間も魚も命を奪わなければならない。それは仕方のないことで、良いとか悪いとかの問題ではない。
・自然の中で生きていくというのは、自分が望まなくても誰かを傷つけることがある。
・だからこそ、宮沢賢治は、それでも人のためになりたいと考えていたのではないか。

【新たな問い　やまなしという題名を追究した子】

・やまなしは宮沢賢治そのものであり、こうやって死んでいきたいという理想を描いたのではないか。
・自然には勝てないと思っていたのだろう。自然とともに生きることを大切にした。

8時間目

単元の最後に、この作品の魅力と自分の生き方を子どもに尋ねました。

魅力としては「理想的な生き方がちりばめられている」「様々な表現を通して自然との共存を訴えている」などが挙がりました。

また、自分の生き方と重ねた場合、「人のために生きる」「自然との共存」などの意見が出されました。

実践事例の最後にある子のノートを紹介して終わります。この子は5月と12月を比較するように書きました。すると、春なのに暗い色、冬なのに明るい色になっていることに気付き、「なぜこのように色が逆なのか」とい

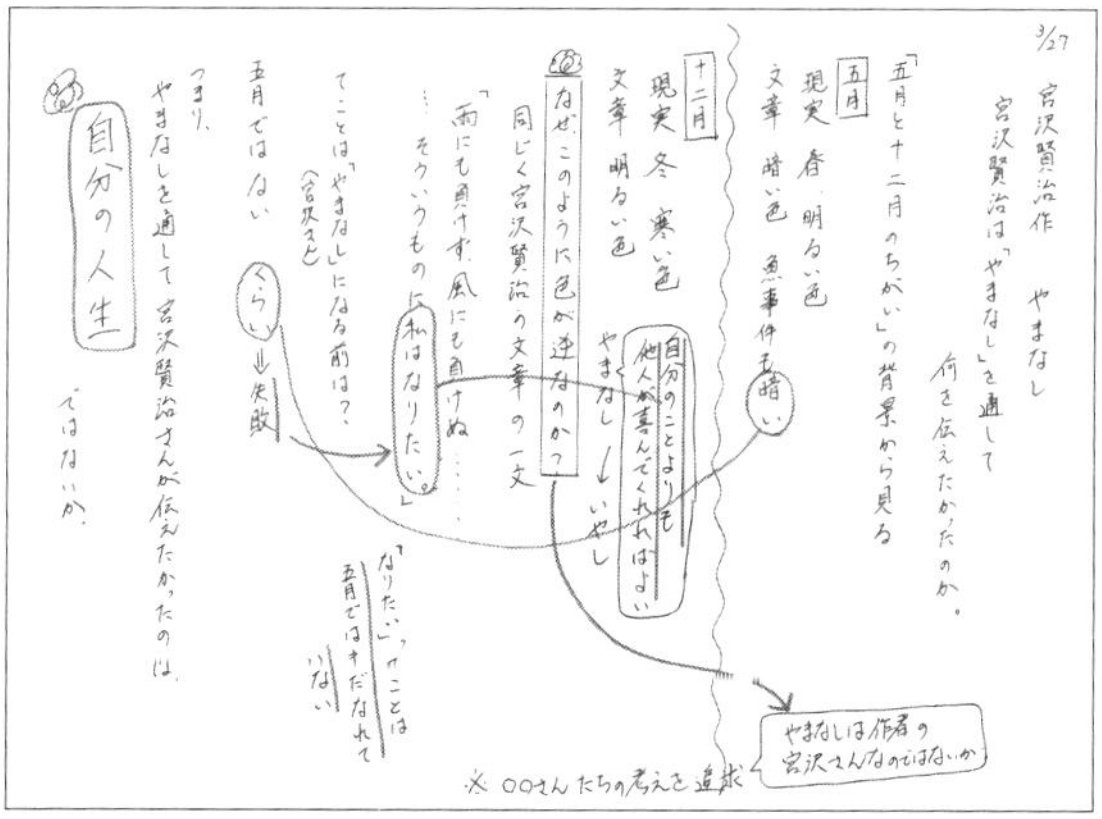

ある子のノートのまとめ

※見えづらいところがあったので、筆者が手書きで子どものノートを再現した。

う新たな問いが生まれています。そして、その問いを解決するために宮沢賢治の他の作品も読むことにしました。その中で『雨ニモマケズ』に出合い「そういうものに私はなりたい」という表現に着目したのです。そして、「自分のことより、他人が喜んでくれればよい」「なりたい」ということは、5月ではまだなれていないのでは」と考えました。

このように問いが生まれては追究し、追究したものを友達に見せて意見をもらう中で、最終的に「『やまなし』を通して、宮沢賢治が伝えたかったのは自分の人生ではないだろうか」という結論に至りました。

第4章

学校文化を変える

提言 14

文化は創り出すもの

①学校文化はどうやって創られるか

その子が学ぶ環境を整えるという話をすると、「そうは言っても、学習の進度や内容を学年内で合わせなければならないと思うのですが」という意見をいただくことがあります。中央教育審議会の「教育課程部会における審議のまとめ」（令和3年1月25日）では、「履修主義と修得主義」「年齢主義と課程主義」という言葉が使われています。履修主義や年齢主義が一定の期間、同じ内容を学べば修得したとみなすのに対して、修得主義や課程主義は個々人の学習状況や成果をもって修得したのかどうかを見るというものです。先程の「学年で進度を合わせる」とは履修主義と年齢主義から発せられる言葉です。文部科学省はこれらの主義のバランスを取ることが重要であると述べています。つまり、これまでのように進度や内容を合わせる場面もあれば、その子の学びの状況に応じて内容を変える（学習の個別化）ことも必要としているわけです。

そうは言っても、現場ではそれほど簡単な話ではありません。学年で進度や内容を合わせるという考え方は、これまで学校文化として根強く存在してきました。しかし、本書で述べているような）その子の状況に応じて内容を変えるという考え方は文化として根付いていないため、受け入れるのは容易ではありません。文化と教育観は互いに大きく影響し合っていることを第1章で述べました。そこで、本章では、まず学校文化がどうやって創られるのかを検討したいと思います。そして、その過程でどのようにして新しい教育観が生まれ、浸透し、文化として広がっていくのかを考えたいと思います。ただし、文化という言葉自体、とても曖昧なものであり、その解釈は人によって様々です。さらに、文化の形成過程は多くの要因が複雑に絡んでいるので、これといった規則性や順序性は明らかにできるものではありません。ただ、そう言ってしまうと話が前に進まないので、ここでは私個人としての考えを仮説的にまとめます。まず、「学校文化」という言葉を定義しておきたいと思います。

学校文化＝その学校の中で共有された価値観が体系化されたもの・こと

簡単に言うと、校内でこれがいいよねと共有された（もしくは暗黙のうちに共有されている）価値観です。もちろん、全員が一致した価値観になるわけではなく、「多くの人が」もっている価値観としています。例えば、「宿題は教師が毎日出すべきだ」という価値観を校内で多くの教師がもっているなら、それが学校文化になります。または「周囲と足並みを揃えることが大切である」など、表に現れず内面（暗黙のうちに）にあるものもあります。

次に、どうやったら学校文化が形成されるのかを考えます。図19をご覧ください。ここでは価値観Bが文化として形成される過程を考えたいと思います。最初の段階では価値観Aが文化として根付いているとします。しかし、実はそれとは異なる価値観Bもそこには存在しているのですが、日の目を見ず、気付かれていない状態です。

それが、何らかのきっかけで価値観Bの存在に気付くと、今度は互いの価値観がぶつかり合う段階に入ります。ただし、価値観Bのよさはわかるが、すぐに人々に受け入れられるかというとそうではなく、AもBもどちらもよいという煮え切らない状態が続きます。

この段階では様々な試行錯誤が行われる中で、価値観Bと実際の行為がつながり、何らかの成果を上げたと確信がもてたとき、価値観Bが強化されます。同時に、社会全体が求めている価値との兼ね合いも考慮しながら、価値観Bの吟味が行われます。

このような過程を経てBへと価値観が転換される人が現れ始めます。これらは、じっくりと

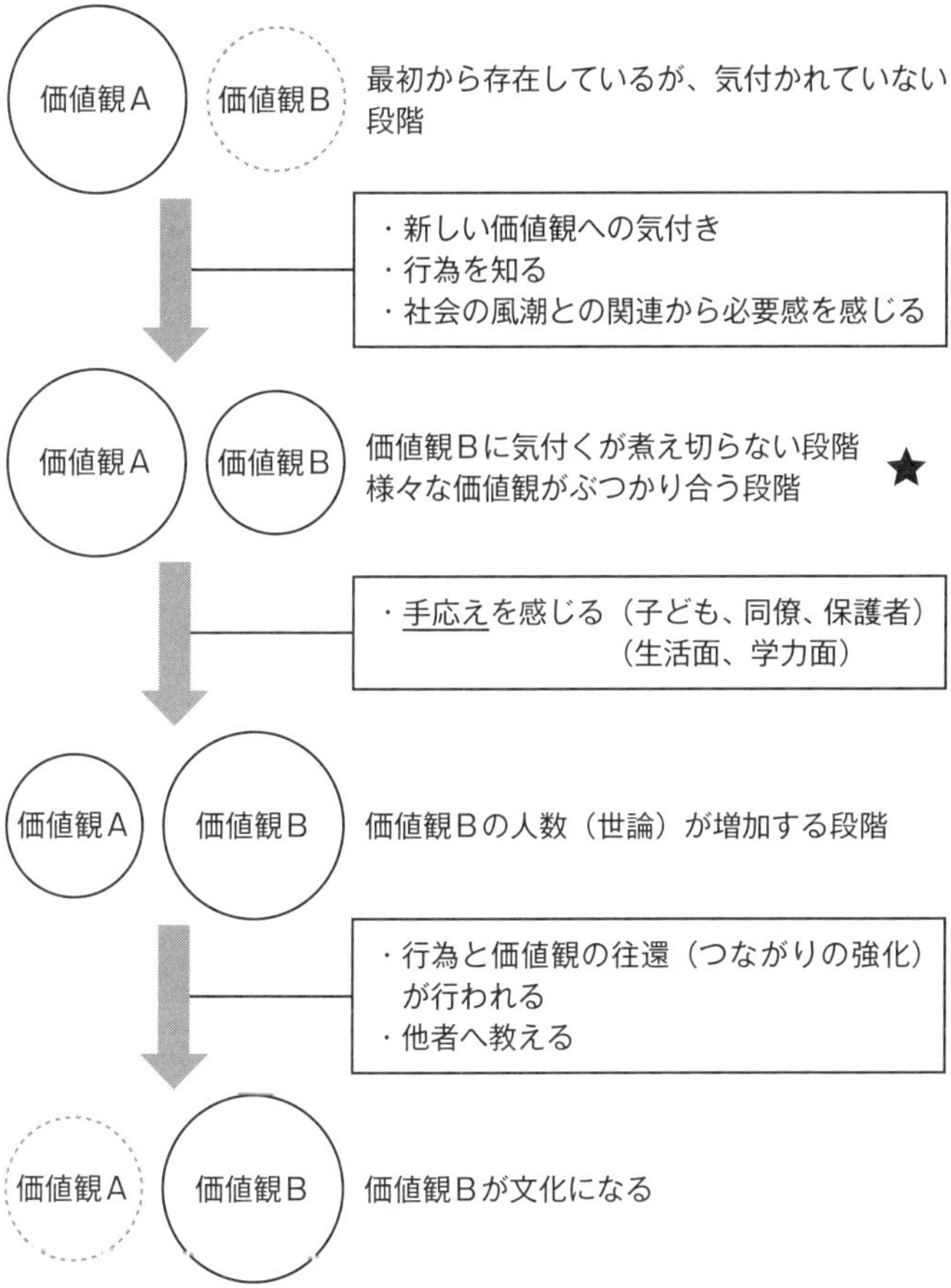

図19　学校文化の形成過程（筆者案）

時間をかけて少しずつ行われ、やがて価値観Bの人数が増えていくことで、その学校の文化になります。もしくは、AとBを融合させて新たな価値観Cが生まれることも考えられます。

本書で述べてきたような、子ども主体の学びについても同様です。これまで、いかに教師が上手く教えるか（教授するか）という価値観Aが広く文化として定着していました。もちろん、そこには子ども主体の学びという価値観Bの存在もありますが、気付かれていない状態です（でした）。

現行の学習指導要領より「主体的・対話的で深い学び」の視点による授業改善が進められ、子ども主体の学びについての新たな価値や必要性に強い光が当てられ、意識されるようになりました。さらに、多くの実践や研究により、具体的に何をすればよいのかという行為（方法、手立て）が明らかにされてきました。

しかし、すぐに子ども主体の学びに価値観を切り替えられるわけではありません。確かに価値や必要性はわかるのですが、「果たして本当に子どもの学力は高まるのか」「時間内に終えられるのか」といった煮え切らない状態が続きます。また、やはり教師が教え込んだほうがよいという価値観A（そのほか様々な価値観）のよさもあり、様々な価値観がぶつかり合う混沌とした状態が生まれます。多くの学校が現在、この状態であると察します。

その中で、教師は試行錯誤を繰り返すことになります。こうすればよいのではないかという実際の行為によって「子どもが変わってきた」という手応えを得られた場合、少しずつ子ども主体の価値観Bへと転換します。また、この手応えはその教師を取り巻く同僚や保護者などからの価値付けによっても強化されます。

このようにして、その教師自身が行為と手応えを繰り返し得られると、価値観B（子ども主体の学び）の人数が多くなり、やがて学校文化として根付くというわけです。

ここまでの学校文化の形成過程を見て、まず感じていただきたいのが、**互いの価値観がぶつかり合う混沌とした状態は新たなステージに学校全体が入ってきたという証拠であり、喜んで受け入れる状態である**ということです。また、すぐに結果を求めるのではなく、焦らず待つことで、ゆっくりと文化は形成されます。

ここではあえて手立て（指導法）の話は取り上げず、あえて教育観に特化して学校文化を見てきました。それは、学校文化が変わり、創り出されるときに、単なる手立て（指導法）の継承ではなく、「何のために」という意味、すなわち教育観がセットになって継承される必要があると考えているからです。教育観が無視され、手立てのみが継承された場合、子どもを型にただ当てはめる、当てはまらなくなれば、その手立ては捨てられてしまうことになります。そして、長年その学校で培われてきた教育観も同時に捨て去られてしまうのです。

②教育観はどうやって転換されるのか

では、実際にどうやって教育観は転換されるのでしょうか。もう少し、具体的に見ていきます。

価値観の転換や深化に関して、走井（２０１４）は行為と思考が要因であると述べています。これらを基にしながら、価値観＝教育観の転換について私なりの考え方を述べたいと思います。

「こういう新しい考え方を取り入れてみよう」（思考）と実際に行動に起こします（行為）。そして、行為に対してよい反応が得られれば（思考）、行為は継続します。これを繰り返すうちに、やがて価値観の転換に至ります（図

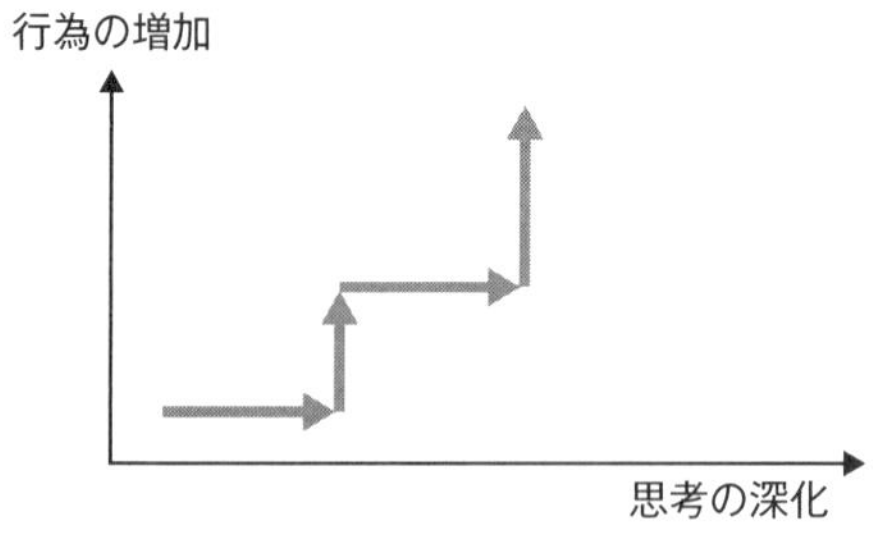

図20　行為と思考の関係

行為を行い、その反応によって思考は深化する。これらは繰り返される。

20）。反対に行為はしたものの思うような反応が得られなかった場合、その行為は行われず価値観も元のままです。教師の教育観も同じような経過をたどります。

子どもに任せる授業を知った↓実際に授業で試した↓子どもがやる気になった

この場合、よい反応が得られたので行為は継続します。よい反応が続けば時間の経過とともに教育観は転換されることが期待できます。一方、

子どもに任せる授業を知った↓実際に授業で試した↓子どもの反応がいまいちだった

この場合、行為を行ったものの、思うような反応が得られなかったので、このままでは行為は中断し、教育観の転

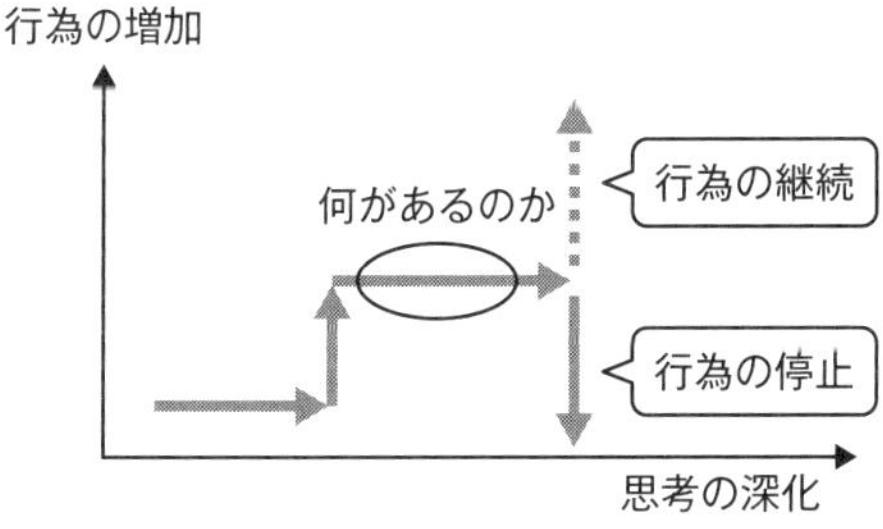

図21　行為の継続と停止
行為を停止しないためには、その前の思考（振り返り）がカギを握っている。

換も期待できません。しかし、現実的にこういった予期せぬ反応は日常的にあるものです。実は、ここが重要な局面であり、子ども主体の学びが継続して検討されるのか、「あれはただの流行だよ」で終わるのかの分かれ道です。困難は誰もがぶつかるのですが、そのときに、どういった思考＝振り返りを行うかが非常に重要です（図21）。

①　予期せぬ反応→教育観（考え方）自体を否定→新しい試みは停止

②　予期せぬ反応→原因を考える→新しい方法を模索→行為の継続・教育観の洗練化

特に中堅、ベテランの教師になると、「これまでのやり方であれば上手くできたのに」という経験が強く作用するため、「だったら変える必要はない」「元のままでよい」と考え、教育観を戻すケースが多く見られます。

例えば、道徳の授業で「ボランティアは大切だ」という新しい価値を感じ、日常生活で実践したのだけれど、相手からの反応がいまいちだったとします。このとき、「もうボランティアはやらない」と価値自体を否定し、行為を停止するのは簡単です。しかし、それではその人の道徳的価値や人間性は何も変わらないことになります。

そこで、価値自体を否定するのではなく、相手からの反応がいまいちであった原因を探ってみます。すると、「相手が求めていないのに、こちらの都合でボランティアを押し付けていたな。だったら、次は相手の気持ちを聞いてからにしよう」など、行為の方法を改善するかもしれません。または、「自分はボランティアというものは一方的によいことをする意識でいたが、実は自分自身の心の成長につながっているのではないか」と価値自体をさらに磨き上げるかもしれません。いずれにせよ、これらの場合、行為は継続されます。継続された行為はやがて、その人にとっての価値観として形成されていきます。

また、注目すべきは価値観を洗練化させ、自分にとっての解釈に変えている点です。教師も実際に行動を起こしたとき、能動的教育者として、どういった解釈をするのかを考え続ける中で教育観は転換します（ですから第1章で意味を考えることを強調してきました）。

大切なことは、思うような反応が得られなかったときに、**教育観そのものを否定するのではなく、その原因に目を向けること、そして、自分が納得する形で方法や解釈をすること**です。「その教師なりの教育観でよいのか」という声が上がりそうですが、私は大きな方向性が共有されているのであれば、枝葉の部分、つまり具体的な教育観は各々の教師に任されてよいと考えています。それこそが組織の健全な姿であると感じます。

また、行為と思考は時間をかけて繰り返されます。ですから、教育観も長い年月をかけてじんわりと少しずつ形成（転換）されるものです。慌てずゆっくりと自分なりの教育観を育ててください。

③新しい時代の教師の学び方

教育観の転換が急務であること、そして、転換のためには思考と行為の繰り返しの中で、多面的に原因を追究することの重要性を述べてきました。しかし、これらは非常に時間がかかるものであり、常に教師の内面で教育観が揺れ動きながら磨かれるものです。その点で「弁証法」というヘーゲル哲学を参考にしたいと思います（川瀬、２０２２）。弁証法とは「二者択一に思えるような場面において、安易にいずれかの選択肢に飛びついてはならないこと」であり、「どっちつかずの状態に耐える力を与えてくれる」方法論を指しています。つまり、物事の本質を追究するには、じっくり時間をかけて内省することが大切であり、両者のメリット・デメリットも含めた多角的な視点、批判的な視野で見ることが大切であるというわけです。

これからの教師の学び方は、まさにこの点です。**教師が子どもに合わせるのですから、不確実性が大きく、そのため「これが絶対」という結論には至らない「宙ぶらりんな状態」が日常です。その中で最善の支援を模索し、追究し続ける姿こそが教師の学びの姿です。**

もう少し、具体的に述べます。私は学期に一回は、これという単元を決め、その単元において実践記録を書いてきました。第3章の国語『やまなし』がまさに実践記録そのものですので、参考にしてください。教科は特に問いませんが、私の場合は「この単元だけは譲れない」というものを選択していました。特に指導案は書きませんでしたが、その単元の学習になると、放課後、子どもの反応と教師の意図を書き込みます。もちろん、授業中に起きる難しかった点も赤裸々に書きます。

実践記録を書いていると、自分自身との対話が生まれます。「もっとこうすればよかったかな」「この子の反応をもう少し、広げてあげればよかったな」「次は、この子のワークシートから始めよう」など、省察と次回への戦略が立ちます。言葉に書き出すことで、冷静に自分の授業を振り返ることができます。そして、自分が何を大切にしているのか、それは本当に子どもの願いと合致しているのかなど、様々な思いを巡らせる中で、教師としての力量が磨かれていきます。

また、その実践記録を同僚や研修会で一緒に学んでいる教師に見てもらうこともします。客観的に授業を見てもらうことで、私自身の教育観が明らかになったり、新しい視点に気付くことができるからです。

④組織的な取組

こうした教師の新たな挑戦を支え、手応えを含めた振り返りを意図的に実施できるシステムをつくることは非常に重要なことです。それも、一人ではなく、組織的に取り組むことができれば、より持続可能な学びになります。

ここで少しだけ組織論の話に触れさせてください。古い話で大変恐縮ですが、図22はバーナードの「組織の三要素」と呼ばれる有名な図です。組織が上手く機能するためには共通目的、貢献意欲、コミュニケーションが必要だと言われています。

〈共通目的〉

共通目的を本書ではわかりやすく、「その子が自ら学びを進める」とします。この共通目的は管理職からのトップダウンではなく、子どもの教育に携わる学校の教職員みんなの総意であることが望ましいです。言い換えれば、「みんなが望んでいる姿」と言ってもよいでしょう。これらは、校内研究の場面などで、みんなの考えを共有するとよいかと思います。教員集団が何を望んでいるのか意見を募ったり、話合いの場を設けたりするなど、「ともにどんな学校を創りたいか」を共有することが大切です。

〈貢献意欲〉

簡単に言うと、その教師の手応えです。実際に子ども主体の学びを行ってみた。それによって望んでいる姿「その子が学びを進める」ことにつながっていると実感できれば、その教師はますます子ども主体の実践を積み重ねることになります。さらに、自分の実践が学校全体に紹介されたり、役立てられたりすれば、貢献意欲はさらに強化されます。

自分がどのくらい貢献しているかは、自他の評価に拠りますし、量的にも質的にも捉えることができます。量的なものとは、例えば学力調査や意識調査の結果などが考えられます。学力調査は子どもの現状を把握するだけでなく、教師の貢献度を高めるためにも利用することができま

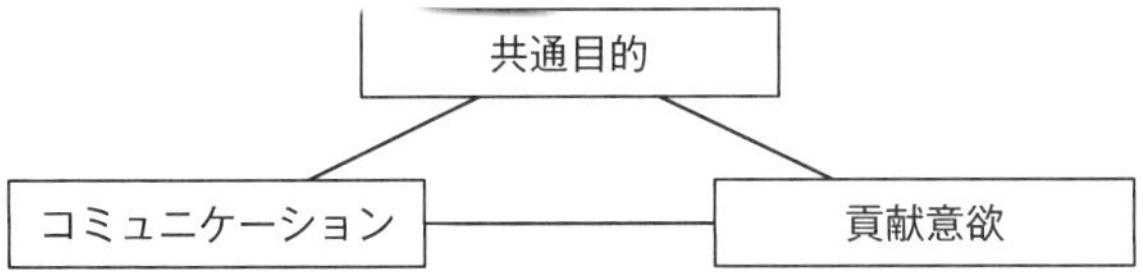

図22　バーナードの「組織の三要素」

す。

また、質的なものとしては、例えば子どもの言動の変化やクラスの雰囲気などから、成果として捉えることができます。これらは主観的な実感として感じることができますし、他者（管理職や同僚）からの会話からも感じ取ることができます。

量的な成果は時間がかかることが多いです。子どもが主体的に学ぼうとしても、いきなり目に見える成果につながることは難しいためです。そこで、まずは質的な成果に注目し、子どもの変容を互いに認め合うことから始められるとよいと思います。

〈コミュニケーション〉

学年の先生方や同僚の方々との対話です。ここではコミュニケーションの量と質の二点に整理して述べます。まず量ですが、これは単純に、コミュニケーションの量を増やすということです。これは働き方改革ともつながってきますが、時間をつくって同僚との対話を増やすことを目指します。具体的には学年会が考えられますが、本校では「○○カフェ」（○には学校名）があり、休憩時間に話したい教師だけで集まります。一応、テーマはありますが、あくまで話合いのきっかけです。自由に話せることと、学年を超えて同年代の人と話ができることも利点です。

では、質＝話されている中身はどうでしょうか。これだけ多忙だと、学年会などでの話の内容も事務的な連絡をして終わりになってしまいがちです。ここでは、先程の貢献意欲が関連してきます。貢献意欲＝手応えは他者評価によって大きく価値付けられます。同僚から「子どもたちが変わってきたね」「先生の授業、とても楽しそうですね」などと言われれば、自分の授業はこれでよいのだという自信につながります（保護者や管理職などからの肯定的な声も貢献意欲を強く後押ししてくれます）。

……………**同僚を価値付ける話題**

もちろん、授業改善の話合いもあるでしょう。そこでは方法論や手立ての話ももちろん必要ですが、それらの根底にある教育観に関する話や意味を問う話（第1章参照）が必要です。繰り返しになりますが、観という根幹部分が変わらない限り枝葉（手立て）は変わらないため、子ども主体の学びを実現するためには教育観にメスを入れなければならないのです。その意味でも、互いにどのように授業をイメージしているのか、子どもをどのように捉えているのかを議題に上げ、議論することは非常に重要であると感じます。

……………**教育観・意味に関する話題**

とはいえ、教育観は目に見えませんし、普段、意識することはほとんどありませんから、それを話題にしなさいと言われても困ってしまいます。そこで、どうやったら教育観を意識できるのか、このあとの提言15で、主任教諭の役割とともに述べたいと思います。

⑤校内研究を活用する

このような新しい教師の学び方を組織的に共有し、循環させるために最適な機会が校内研究です。「校内研究＝誰かが研究授業を行う」という捉えではなく、日常的に教師が学び続けられるためのシステムをつくり、機能させるために校内研究の場を「活用する」という捉えです。ですから、極端な話、研究授業などを実施しなくても教師の学びのスパイラルが回っていればよいわけです。日常的に授業を見合い、コミュニケーションの量と質が確保されていることが大事なのです。むしろ、研究授業は時間をかけて華やかに行うが、それ以外の時間は学ぼうとしないほうが危険だと思います。

では、具体的にどういったシステムを用意すればよいのでしょうか。まず、コミュニケーションの場を設定することです。校内研究の時間でもよいですし、学年会やそのほかの時間にあえて「授業について話し合う時間を設けてください」と設定します。「今、まさに」それぞれの教師が実践している授業ですから、実情を具体的に話し合うことができます。このようにしながら、まずはコミュニケーションの場を設定します。

次に、コミュニケーションの質ですが、次の二点を年度初めに学校全体に呼びかけます。

①各教師の挑戦の自由度を保障しましょう（仮説生成型）
②共感的に話を聞きましょう（同僚性）

①の挑戦の自由度ですが、教員経験や問題意識によって課題はそれぞれ異なります。それぞれの教師にとって自分事としての課題が存在し、それを自分なりの方法で解決できるとしたらどうでしょうか。やらされている研究ではなく（いや、研究という概念ですらなく）、自分が追究したいものになります。「結果的にそれが校内研究になっている」というのが理想です。そのためには、テーマこそ校内で統一されていたとしても、そこに至るまでの道筋に自由度があってよいと思います。そうやって導き出された「その教師なりの視点や手立て」が学校全体で集められ、そこに共通項を見出したり、新たな発見があったりするわけです。

②ですが、①に関連して、その教師なりの方法で解決を試みるわけですから、その教師の教育観に乗っかって、授業を見たり、話し合ったりする必要があります。授業を参観して「いや、それは間違っているよ」と頭ごなしに否定されてしまったのでは、せっかく授業を行った教師も「この先生とは考え方が合わないな」として、お互いに学ぶことが少なくなってしまいます。そうではなく、その教師の主張を共感的に受け止め、(たとえ自分とは異なっていたとしても)その教師の教育観に自分を重ね合わせて授業を見たとき、授業者自身も「自分の考えに対して、何が足りていないか、どこを修正すべきか」が見えてきます。

校内研究はコミュニケーションの量と質を確保する場と捉え、そこでは自由にその教師の思いを発言できるような環境が求められます。そして、受け止めてもらいつつ、自身の教育観や手立てを見つめ直せるようにしたいものです。そのためには、こうした事前の約束事を共有しておくことが大切です。

提言15 主任教諭に具体的な役割を示す

①見えない教育観を引っ張り出す

主任教諭制度は私の勤務する東京都ではすでに採用されていますが、文部科学省は今後、全国的に制度を広げると述べています。主任教諭は教諭を指導、助言しながら人材育成を担う立場です。ただし、具体的な役割が示されていなければ、肩書はあってもこれまでと同じ仕事を行うだけになってしまいます。また、ただ○○主任といった役職が与えられるだけでは「責任ある仕事の量が増えただけ」となり、与えられた仕事をこなせばよいという意識になってしまい、非常にもったいないことになります。

主任教諭はこれまでの経験と見通しがあり、さらに実際に学年の中に入っているわけですから、その強みを存分に生かし、教師の学びを促すことが主な役割になります。具体的にはこれまで述べてきた「貢献意欲」「コミュニケーション」が実際に機能するように動かすことです。

しかし、単に周りの教師とたくさん話をするだけでは中身が深まらず、人材が育たない可能性もあります。そこで、前述した「コミュニケーションの質＝何を話題にするか」が重要になってきます。「同僚を価値付ける話題」「教育観、意味に関する話題」を取り上げるとよいでしょう。では、どうやって見えない教育観をコミュニケーションの話題に上げるのか、具体的に考えたいと思います。図23をご覧ください。授業者と同僚は同じ授業を見ているとします。そこでは実際の手立てやそれによる子どもの姿は目に見えるわけです。この目に見えるものを手掛かりに、その意図や意味を尋ねます。

「先生は今日、子どもにタブレットを使用させましたが、なぜ使用させたのですか」

「インターネットを使って自分で調べられるようになるかなと思ってのことです」

「自分で調べることを大切にしているのですね」

「はい、自分で学ぼうとする子になってもらいたい

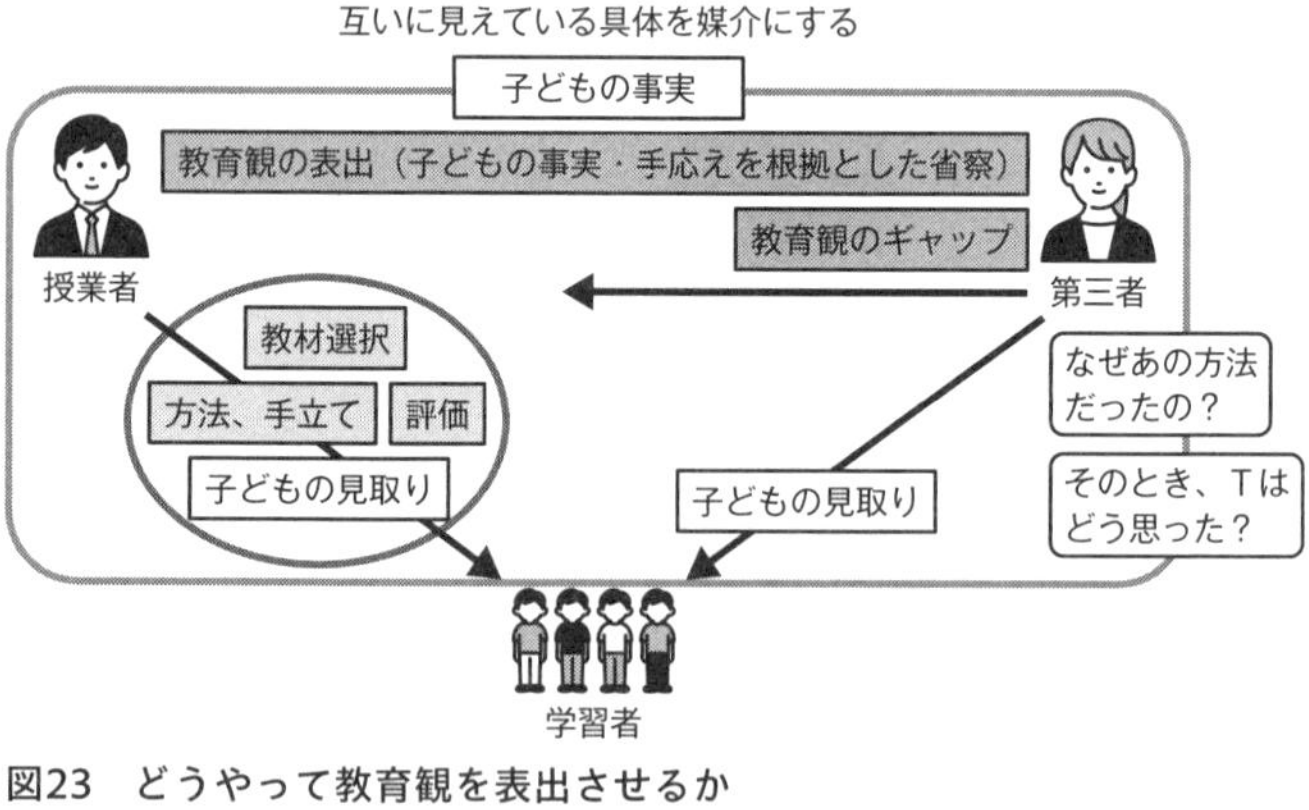

図23　どうやって教育観を表出させるか

ので」

↓

①「自分で学ぶために他にはどんな方法がありますか」

②「なぜ、自分で学ぶのが大切なんですか」

タブレット端末を使うという手立てから、その意味を問うことで、相手の「子どもが自分で調べることを大切にしている」という教育観を引っ張り出しています。さらに、①では相手の教育観を肯定しつつ、そのための手立てを広げようと試みています。②では、その教育観にさらに磨きをかけたり、新たな気付きをもたらしたりします。

もしくは、次のように話が展開されたらどうでしょうか。

「自分で学ぼうとする子になってもらいたいからです」

「自分で学ぶことを大切にされているのですね。でも、私はちょっと違います。教師が先に学び方も含めてしっかりと教えることで、その後、効果的な調べ学習が自分でできるようになると思うのですが…」

ここでは、教育観の対立が起きています。しかし、これは決して悲観的なものではありません。対立が起きることで、互いに問いが生まれます。「自分の教育観はどうなのだろう」という問いです。そして、対話を重ねることで教育観の転換が起きたり、自身の教育観がさらに磨かれたりします。意見の対立はよくないものという印象をもたれている方もいますが、教育観はぶつかり合うことで磨かれたり、転換されたりするものです。

互いに見えている具体的事象（手立て、子どもの様子）を手掛かりにしながら、それがどのような意味をもつのか、何のために行っているのかまで踏み込むことで、相手の教育観が引っ張り出されます。人材育成を任されている主任教諭は、このような聞き手としての役割を担い教育観を引っ張り出すことで、授業者自身が大切にしたいことを自覚させることができます。授業者が困っているからといって、すぐに対応の仕方だけを教えるのではなく、困っていることの根っこの部分に光を当てつつ、その原因から改善することが重要なのです。

②教育観と指導法・手立ての関係で若手を育成する

若い教師にとっては教育観などと悠長なことは言っていられず、その日を乗り越えるのに精いっぱいだと思います。そういった若手教師にとっては、「こうすればよい」という手立てを知ることは重要な学びです。川瀬（２０２２）は「把握しやすいが移ろいゆく『現われ』と、捉えにくいが確固とした『本質』は互いを支え合って存在している」と述べています。把握しやすい現われとは、目に見える手立てや方法論のことです。それらは「その子が学びを進める」という本質と支え合いながら存在しているのです。

図24をご覧ください。どういう授業にしたいのか、どのように子どもを見ているのかといった教育観と「このような指導法を試してみよう」という手立てはセットになってこそ指導力が向上します。もし、教育観だけを高め、そのための具体的な手立てにまで話が及んでいないのだとすると、それは絵に描いた餅になってしまいます。具体性がなく理論だけが先走っている状態です。一方、教育観は転換されず（もしくは伴わず）、ただ他からの手立てだけを取り入れている場合、何のために行っているかがわからず、子どもにとっては「主体的にさせられている」状態になってしまいます。一見、授業は上

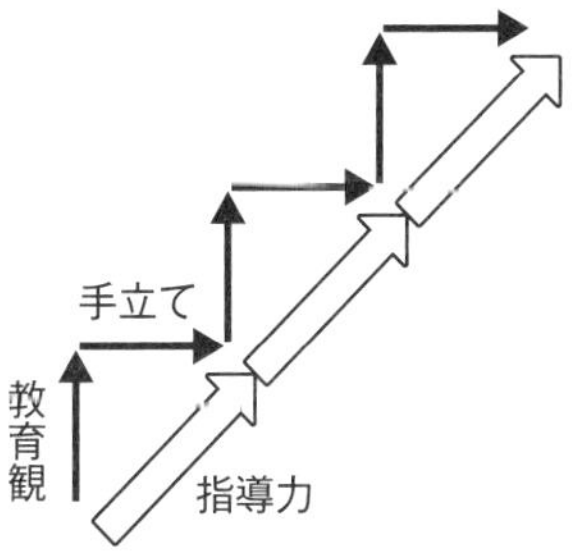

図24　教育観と手立ての関係

指導力を向上させるためには、教育観と手立てはセットになって学ばれていかねばならない。

手く回っていますが、子どもが本来もつ力を十分に引き出せていません。大事なことは**両者の存在を意識し、今、どちらの力を高めているか自覚的に取り組むこと**です。片方だけではなく、二つの視点を往還することで、本当に子どもに力を付けさせられる指導力が期待できます。

若手の方にとっては、手立ての習得から入るほうがしっくりくるかもしれません。だからこそ主任教諭は、「その手立ては何のために行っているのか」「どういった授業を目指したいのか」に目を向けさせ、彼らを育成していかねばなりません。また、具体的な手立てについて、その意味も含めて伝えることができるのも、経験豊富な主任教諭だからこそできることです。

③ミドルリーダーとして背中で語る

これだけ教職がブラックと言われている中、誰かのせいにして不満を言うことは簡単です。しかし、学校が求めているのはそういったリーダーではなく、難しい状況の中で、どこに光を見出すのか、どうやって現状を打開するのか前向きに考えようとするリーダーです。ここまで述べてきたように、学校全体の指導力をどうやって高めるかを考え、言葉ではなく背中で語れる（引っ張っていける）リーダーが求められています。これからの教師は自分が体験してこなかった新しい教育観に挑戦するわけですから、そこには恐れと不安が常につきまといます。そのようなときに、失敗を恐れずに果敢に挑戦する姿勢を示してほしいのです。

あるベテランの教師は指導力が高く、子どもからも信頼されています。その教師はまだまだ指導力を高めたいと多くの研修会に参加し、自ら研究授業を行い、広く公開しています。「もっと上を目指せるはず」というのが、その教師の口ぐせです。そういった教師だからこそ、周囲は尊敬しますし、ついていこうと思うのでしょう。人は言葉でなく、感情で動くものです。難しい状況だからこそ、それを楽しみながら打破できるミドルリーダーを時代は求めています。

そもそも、いつからがリーダーなのでしょう。誰かから言われたからリーダーなのでしょうか。役職が与えられたからリーダーなのでしょうか。確かにそれもあるかもしれませんが、私は「誰かの役に立ちたい」「この状況をなんとかしたい」と思い、行動を起こした瞬間にリーダーになるのだと思っています。

このように周囲のために自分ができることを考えたいといった志をもった主任教諭ですから、先行して実施している東京都では、学年や学校に大いに貢献してくれています。隣のクラスの問題を自分事のように親身になって聞いてくれますし、校務分掌の仕事の調整役にもなってくれます。また、自分の授業力向上のために前向きに振る舞う姿は、周囲をよい雰囲気に巻き込み、学校全体に勢いを生んでいます。

自分の頑張りが誰かの役に立っている。それこそが主任教諭の醍醐味だと思っています。

提言16

保護者・地域の教育観を転換する

①保護者へのアプローチ

当然のことながら、保護者もこれまで自分が受けてきた教育に影響を受けながら、それぞれが教育観をもっています。ただ、それらの多くは教師主導の教え込みであったり、「高得点＝学力が高い」といった従来の教育をイメージされていることが多くあります。

そして、教師が新しい教育観の下で実際に子どもに授業をしようとすると、保護者との間にイメージの乖離が生じ、そこが保護者とのトラブルの原因になることがあります。せっかく子どもに任せられるだけの環境を整えたのに、保護者からは「勝手に友達のところに立ち歩いている子がいる」と見られてしまうのです。

このようなイメージの違いを解消するためには、保護者会や学級だよりなどで、**教師自身の教育観を保護者に伝える**必要があります。保護者の側からしても、社会がこれだけ大きく変化している中で、教育も変化することは十分に受け入れられます。

実際に、保護者へ学校の様子を伝える際に気を付けたいことは、単にやったことの羅列や事務連絡で終わらないということです。実際に取り組んだこと（授業や行事）を伝えることは重要ですが、「どんな力を付けたいから」とか「何のために」といった、その根底にある教師自身の教育観（大切にしたいこと）をセットで伝える必要があります。

先日、総合的な学習の時間で校庭の池づくりを行いました。子どもによっては、どうしたら水が抜けなくなるかを考える子もいましたし、生き物と水深の関係を調べている子もいました。このように、一見バラバラな問いを追究しているように見えますが、実は自力解決の力を高めている点では共通しているんですよ。また、難しいときに友達に尋ねる場面が多く見られました。外から見ると授業中に立ち歩くなんて…、と思われるかもしれませんが、自分から協働できていて素晴らしいと私は思っていますし、そのように子どもたちに伝えています。

このように、実際に行ったことだけでなく、意味を伝える中で、教師自身の教育観が話の節々に滲み出てきます。「今の教育はこうなっているんだ」と保護者も同じ方向を向いてもらうためには、子どもの姿と意味をセットで伝えることが大切です。

②保護者同士をつなぐ

このように保護者に教育観を含めた話をするのですが、保護者もいきなり教育のイメージが変わるわけではないですし、実際に自分の子ども変容が見られなければ不安に感じます。

また、保護者からしてみると、学校の様子は保護者会や学校公開、学校行事でしか見ることはできません。それ以外は自分の子どもの話から推測するしかないのです。学校はどうなっているのかが見えないため、不安になるというわけです。

一昔前であれば、ちょっとした不安なことは知り合いの保護者に聞くなどできたのですが、今は状況が異なります。個人情報保護の観点から、家庭の電話番号を公開していない学校も多いと聞きます。また、地域の人たちの集まりも昔ほどは活発ではなくなってしまったため、保護者同士のつながりが希薄になっています。

そうなると、学校でちょっと気になっていることがあっても相談する相手がいません。担任の先生は忙しそうだし、先生に聞くほどの話ではないかなと思って、そのままにしておく。そうすると問題はだんだんと大きくなり、深刻になったところで担任に相談することになります。その結果、ちょっとしたことであっても担任に電話で聞かなければならない状況にもなってきます。

また、多くの保護者にとっては初めての育児ですから、自分の子の発達について疑問をもったり不安になったりします。我々教師はたくさんの子どもを見てきていますし、同じような傾向も多く見てきていますから、それほど心配することではないと思うことであっても、保護者にはその「たくさんの子ども」が見えません。ですから、自分の子は何か特別なことがあるのではないかと不安になります。

さらに、ＩＣＴの発展により、出欠席の連絡をメール等で行う学校が多くなりました。教師と保護者の両者にとって、時間の効率化になりとてもよいのですが、デメリットもあります。それは、子どもが休みのときに事務的な処理で終わり、保護者との直接的なやり取りもなく1日を終えることになってしまう点です。直に話をすることで、心の通い合いが感じられるものです。

これら保護者同士や学校とのつながりの希薄さは、実は保護者自身も困っている問題であり、どうにかしてつながりをもちたいと考えています。しかし、知り合いになれるきっかけがないのが実情なのです。

保護者の方がつながるきっかけのうち、私が大きいなと感じるのは**「子ども同士が友達である（一緒に遊ぶ）」**ことです。子どもから友達の名前を聞き、具体的にどんなことをして遊んでいるのかを聞く。すると、相手の子の保護者に会ったときに共通の会話が成立すると同時に、子どもが友達だからこそ会う機会が多くなります。

しかし、現代は子ども自身が忙しく、遊び相手を探すことも難しい子もいます。そこで、学校としては保護者会のあとに交流できる時間を設定するとともに、共通の話題をもっている保護者でグループをつくってもらうなど工夫することが考えられます。または、保護者も一緒に受けられる授業を学校公開で実施したり、学校行事の際、保護者が参画できる取組にすることなどが挙げられます。


このようにして、保護者同士の結び付きを強くすることで、ちょっとしたトラブルは、保護者間で解決してくれることが多くなりますし、何より、教師の考え（教育観）が、具体的な実践に伴って浸透しやすくなります。

③地域の強みを生かす

近年の学習指導要領では、「地域とのつながり」が強調されてきました。地域人材を活用して、よりよい教育を目指す動きは、次期学習指導要領においても外せないテーマになるでしょう。

ここで大切なことは、地域の方と表面的につながるのではなく、学校と同じ方向を向いてつながることです。「この内容を教えてもらいたいから」「この部分を手伝ってほしいから」など、地域の方の強みを生かすことは重要ですが、我々教師は長期的な視点で捉えていますので、「子どものこれまでの文脈のどこに、どのように生かすか」という視点をもたなければなりません。そのためには、地域の方の教育観の転換も求められています。

例を挙げて説明します。

1年生の子どもたちが生活科の学習でアサガオのリースをつくりたいと考えました。私は子どもたちが試行錯誤を繰り返しながら、不格好でもいいから自分の力で最後までつくり上げる経験をさせたいと考えました。そして、そのように子どもが自由に作成する授業展開を行いました。しかし、どうしても上手くいかないことが出てきたので、地域の方でリースづくりが得意な方に話を聞くことにしました。

その方との事前の打合せの際、私は前述のような内容を先に伝えました。すると、その方も理解してくださり、子どもたちの前では先回りして説明したり指示したりせず、子どもが困ったときにアドバイスをしてくださいました。

授業の最初に、その方からつくり方を教えてもらい、その通りにつくれば簡単です。しかし、それでは「つくらされた」リースであり、そこでの学びは小さなものになってしまいます。自分の力でつくるという学びの上に、地域の方の専門性を付け加えていくほうが、それらを十分に生かすことにつながりますし、子どもの学びも深まります。その方は、これらを理解された上で、子どもたちに合わせてくださりました。

とはいえ、地域の方ももちろん教育観をもっています。ましてや、地域の方が現在の教育を知る手段は、メディアからの情報がその大半を占めることでしょう。メディアが語っていることの情報の中には、「それはちょっと違うな」と違和感を覚えることもあります。学校というものを外から見ただけでは、その本質までつかみきれないわけです。

そこで、地域の方の教育観を私たち教師と軌を一にするために、学校支援本部や学校運営協議会といった組織を活用する必要があります。学校と地域をつなぐ役目を果たしてくれているのが、これらの組織だからです。「学校のために様々な仕事を手伝ってくださる方々」という認識で終わらせず、学校というものが今、どうなっているのか、どのような教育観（方針）で進もうとしているのか、それを知ってもらい、同じ方向を向いてもらうための組織だと私は感じています。

しかし、「このような考え方で…」と言葉で説明しても、なかなか理解してもらうことは難しいものです。そこで、実際の活動、子どもたちとの交流を通して、教育観の転換を促していくことになります。

目の前の子どもにとって、本当に大切にしたい教育観を学校と保護者、地域が共有し、同じ方向を向くことで、それぞれの強みが一気に開花します。それぞれの立場で何をすればよいのかがわかることで、そのための自分の強み、専門性の活かし方が見えてきます。

④まとめにかえて

これまでの教育では方法・手立てと教科内容の視点が重視され、そのために方法論や教材研究に多くの時間が割かれてきました。しかし、本書で述べた通り、教育観の転換や広がりといった視点も必要であることを考えると、図25のような三角錐の形になります。これまで二つの視点＝平面で捉えていた教育が、これからは三つの視点＝立体の構図になってきます。平面を大きくすることに努力してきましたが、そうではなく、立体そのものを大きくするイメージです。もちろん、これらの視点のうち、どこに重点を置くのかは、その教師の経験年数や置かれている状況によるところが大きく、現在地からどのように進んでいくのかは紆余曲折することでしょう。また、教育観は文化と密接な関係があることは本書で述べました。ですから、学校の文化によって教育観は方向付けられることになります。そして、この矢印の

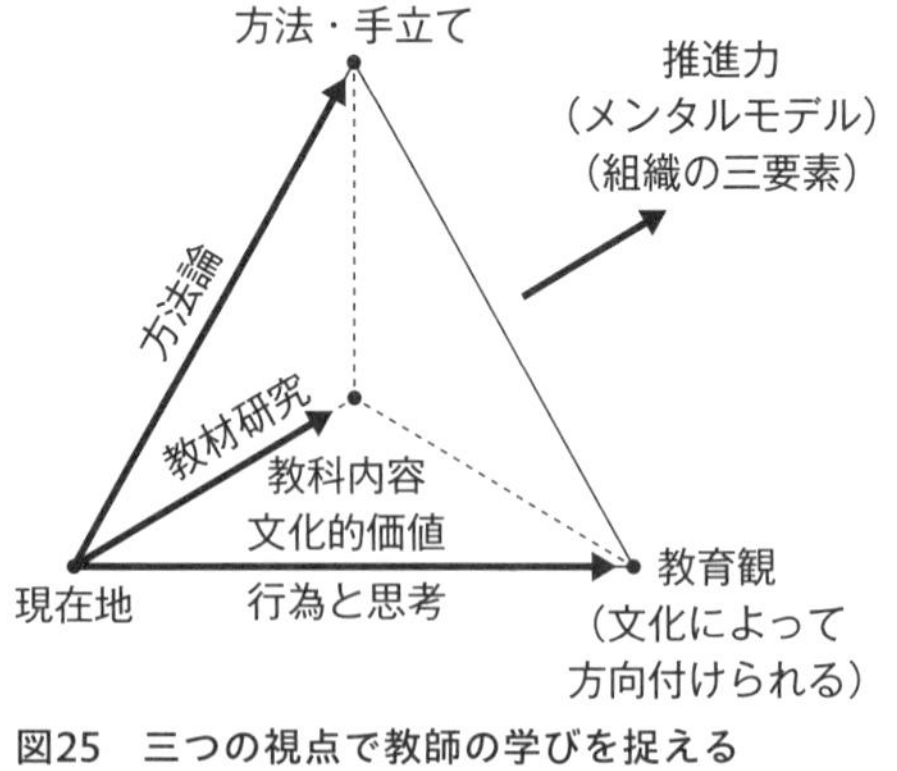

図25　三つの視点で教師の学びを捉える

推進力となるのが、メンタルモデルと組織の三要素です。

- ●方法・手立てと教科内容の側面 ↓ 何が学べるか、何を知っているか（教科の独自性）
- ●教科内容と教育観の側面 ↓ 何のために学ぶのか（自己実現、概念形成）（生きる力）
- ●方法・手立てと教育観の側面 ↓ どのように学ぶか（主体的・対話的で深い学び）（個別最適化と協働性）

方法・手立てと教科内容の側面は、その教科で何が学べるか、何を知っているかといった教科独自の側面です。しかし、これだけでは「何のために」の視点が抜けてしまいます。AI時代では、教科の独自性を自らの生き方（意味生成）に結び付ける必要があります。そこで、教科内容と教育観の側面が必要になります。その教科で学べることは、その子が生きることに対してどんな意味があるのかという側面です。教科の独自性を自己実現、概念形成へとつなげる視点になります。そして、これらを実現させるために、方法・手立てと教育観の側面に着目します。教科の独自性と自己実現を結び付けるために、「どのように学ぶか」によって具体的な教材を通して、汎用的スキルを学んでいくことになります。これらの視点があることを意識し、バランスよく高めていくことが必要です。

諮問より

次期学習指導要領を考える

実は本書は令和6年の秋に執筆しました（この「諮問より」を書いているのは令和7年の1月です）。ですから、当時はまだ中央教育審議会への諮問も公表されていなかったので、それまでに教育界で大きく取り上げられているキーワードを基に、私なりの提言を述べさせていただきました。そして、令和6年12月「初等中等教育における教育課程の基準等の在り方について」が公表されました。そこで、これまで述べてきたことを関連付けながら、現場の事実を根拠に、諮問についての私なりの考えをこの場を借りて述べさせていただければと思います。

今回、三つの課題が提示されました。

①主体的に学びに向かうことができていない子どもをどうするのか
②習得した知識が現実の事象や自身の概念形成、深い意味理解などにつながっていない
③デジタル学習において、「デジタルの力でリアルな学びを支える」にはどうするか

①主体的に学びに向かうことができていない子どもをどうするのか

【先生方へ】

本書では、まさにこの点について多くのページを割いてきました。これまでにも様々な方略が研究されてきましたが、それらの研究成果を受け取る教師側の教育観がどうなっているのかが重要であると考えています。

「子どもは自ら学びを進められる」という前提に立つならば、それらの力が表に現れてくるような環境を教師は自ずと用意することになります。一般化された指導法や手立ては確かに大きなヒントを与えてくれます。しかし、それらを当てはめればよいというわけではありません。目の前の多様な子どもたちそれぞれが主体的に学ぶために、今、何をすべきなのか考えるのは教師自身です。また、そういった柔軟な対応力こそが教師という職業の面白さでもあります。

「メスを入れるべきは教育観」です。

また、本書の中でも述べましたが、主体的に学ぶという姿にイメージの違いがあるのも確かです。ある教師は計画から授業中の進め方までその子が進めることをイメージされています。しかし、これらはあくまでも表に現れた「その子の学び方」の問題です。その根底に「やってみたい」「考えてみたい」といった思い（願いや問い）があり、その上で行動を起こそうとする、これこそが主体性です。そして、そこには「なぜ今、この取組をしているのか」といった、その子なりの「文脈」が存在します。この文脈が大切にされ、そこに学習内容や支援が付け加えられるわけです。ここを履き違えてしまうと、

「主体的に学ばない子がいる」→「だったら自分でできるように…」

と行動面（学び方）を直接改善する話になってしまいます。

「主体的に学ばない子がいる」→「どのような教材であれば願いや問いをもつのだろう」

と、その子の内面を刺激できるような教材を用意する必要があります。行動面（学び方）はそのあとの話なのです。

【管理職、行政の皆様方へ】

子ども一人ひとりの違い（不登校児童、特別支援教育の対象児童、外国人児童、特定分野に特異な才能のある児童など）を受け止め、その上でその子の主体的な学びを保障するためには「何を学ぶか」といった学習内容にまで踏み込んだ個別化が必要であると考えます。この点も

本書に詳細を書きましたので、詳細は割愛しますが、その子にとって必要な内容を選択できるような環境（教材）が安心感をもたらし、自分なりのペースで学びを進められます。

この**「内容を選択できる」**は、まさに柔軟な教育課程の在り方に関わる話です。これまでの教育課程は一度決めたものを修正することに大きな心理的なハードル、事務的なハードルがありました。そこで、年度初めに決めた教育課程を羅針盤として大切にすると同時に、その子に沿った教育課程を別に編成できるような柔軟な対応も必要なのではないでしょうか。

また、この点に関しては先程、「先生方へ」にて述べました、その子の内面が刺激されるような教材を選択できるだけの自由度の保障にもつながります。全員が同じ内容で学ぶ必要はなく、その子に適した内容を確保できるよう、教育課程にも柔軟性をもたせられればと思っています。現実的に同じ空間で異質な内容を行うことが難しいのであれば、人材を確保して別室にて学べるような体制が求められます。

竹はどれほどの強風であっても決して倒れません。それは、その芯が非常にしっかりしているとともに、その風に応じていかようにでも曲がるからです。これからの学校に求められている多様性、不確実性を受け入れるためには、竹のようなしっかりとした芯とその子に合わせた柔軟性をもった見方が必要であると強く感じます。

②習得した知識が現実の事象や自身の概念形成、深い意味理解などにつながっていない

【行政、教科書会社の皆様方へ】

学習指導要領に示されている資質・能力を高めることが目的であるわけですから、広く内容を網羅することよりも、その資質・能力が高まりやすい（もっと言えば、その教科特性が十分に味わえる）内容（教材）を精選する必要があると感じています。現在の授業時数と教科書の内容を考慮すると、教科書の内容を終わらせることにどうしても終始してしまうことが多くあります。つまり、（本書でも取り上げましたが）**教科書の中身をこなしているだけの授業**です。

また、学んだ知識を用いてその子にとっての意味生成や概念形成を行うためには、様々な知識を結び付けるだけの時間的余裕と、それらに目が向き、受け止めるだけの視野の広さが必要です。例えば、社会の学習において国土の環境保全について学び、大気汚染のメカニズムを理科で学んだとします。その際、社会科における事象の広がりと、理科における知識の深まりを関連付けるためには、それらを考えられるだけの時間が必要になります。こうして、大気汚染のメカニズムを知ったからこそ、それでも社会情勢としては矛盾が生じてしまうことが理解できます。ここまで理解が進み、全体像が見えたときにはじめて「自分はどのような立ち位置でこの矛盾に答えを見出すか」を考えられるようになります。もちろん、総合的な学習の時間や

学校行事などを通じて知識を相互に関連付けることはできますし、そういった見方を育てることも可能です。しかし、総合的な学習の時間で取り扱えなかった知識については、各教科内でつなげるほかありません。

一方、その教科特性を生かした学びによって、その教科でないと得られない見方・考え方があることも事実です。この教科特性に応じた見方・考え方を獲得し、その子が自分のこれからの生き方に活かすためには、様々な内容を経験し帰納的に学ぶことも必要です。ですから、一方的に教科書の内容を削減することには慎重にならざるを得ません。

また、特に気を付けなければならないことは、世論における学力観です。日本教育はこれまでゆとり教育において（事実かどうかはさておき）学力低下を招いたと言われて久しくなります。教科書の内容を精選するということは、再びゆとり教育に舵を切るのではないかという世間の見方を変えていく必要があります。本書で何度も述べましたが、これからの学力観は不確実な社会を生き抜くために**「自分なりの答えや解決策を見出せる力」**を育てる必要があります。「点」と「線」の話や認知能力と非認知能力の話がまさにその部分です。こういった学力に対する見方・考え方が世間に広がり、学校はこういった力に価値を見出していることを提示することが必要であると考えます。

【先生方へ】

社会背景や時代によって学校の在り方、教育の目的は少しずつ変化してきます。

知識を獲得することを目的とし、どの程度それらを覚えているかをチェックする時代は終わりを迎えようとしています。それらはＡＩの得意分野ですから、そちらに任せればよいわけです。それ以上に、自分はどのように生きるのか、自分はどうあるべきなのかといった自身の意味生成と概念形成により重点が置かれるようになっています。そして、それらを考えるための拠り所として知識・技能が存在するという構図に変わってきているのではないかと感じます。

これをダブルループで説明すると、一つのループがこれまでのような教科の独自性に触れることになりま

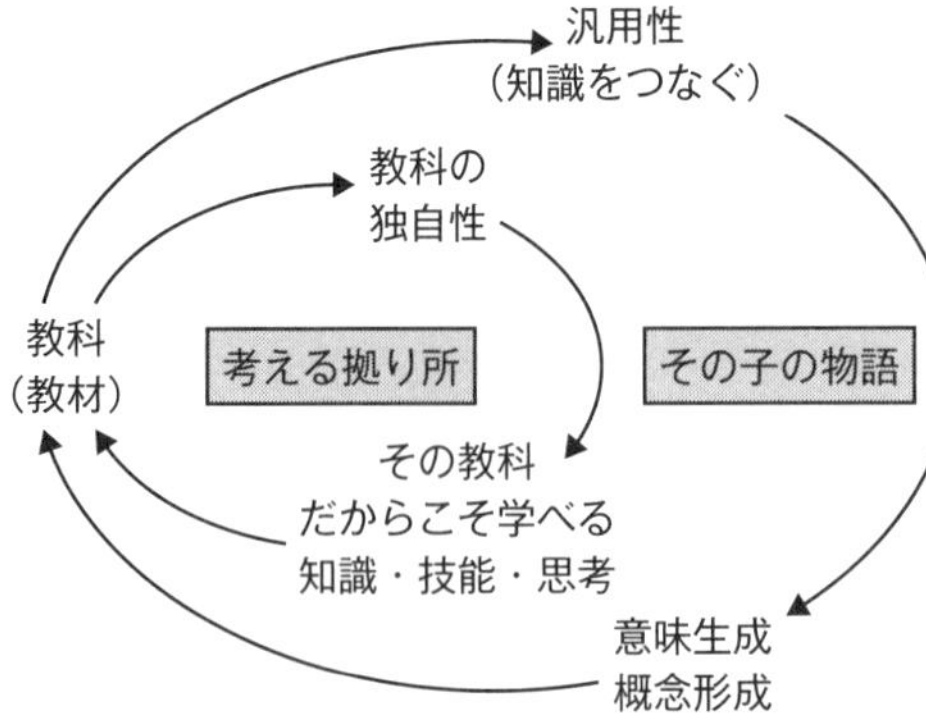

図26　独自性と汎用性のダブルループ

す。その教科（教材）のもつ文化的価値に触れる中で、その教科（教材）だからこそ学べる知識や技能、思考力（方法）です。

そして、もう一つのループは教科をまたぎ、汎用的に知識をつなげようとする見方です。一つ目のループで獲得した知識や技能、思考力を用いて、物事の本質に迫ったり、意味生成を図ったりする視点です。「なんのために学んでいるのか」を追究することは「自分はどのように生きるのか」といった概念形成や自己実現につながります（図26）。

そして、このように捉えたときに大切なことは、どちらに主軸を置くのかという点です。これまでは（前述した通り）一つ目のループ、すなわち、その教科の独自性に主軸を置いてきました。ところが、ＡＩの登場によって、それだけでは対応できなくなってきました。

そこで、私が思い切って提案したいのは、二つ目のループに主軸を置くという見方です。自己実現を主たる目的としながら、それらを追究する過程において、知識や必要な思考を獲得するという流れです。これだけ不確実性、多様性が求められている時代にあって、従来の「型にはめようとする教育」では、自らの生き方や在り方が見えずに、生きづらさを感じている人がたくさんいます。だからこそ、自分の生き方、自分なりの型を追い求めるだけの自由度が必要であり、「今、私がここで生きている、その物語」が大切にされるような教育が求められています。そのために「考える拠り所としての知識・技能・思考」が存在するのではないかと思うのです。

　このような教育観に転換したとき、教科も単独で存在するのではなく、つながって存在するという見え方が獲得されます。

　下の写真は、私が6年生を担任したときに作成したものです。例えば、国語『やまなし』で学んだ共生から、今度は総合的な学習の時間において、現実問題としての人間と自然の共生につなげました。今を生きる自分たちは果たして共生の価値をもって生きているのだろうかという問いが生まれたわけです。さらに、社会科、歴史の学習から、先人がものの見方を工夫する中で歴史を切り拓いてきたことを知ると、それを自分たちの自然との共生に生かせないかという考えに至りました。そして、「ごみアートを制作したい。『ごみ＝

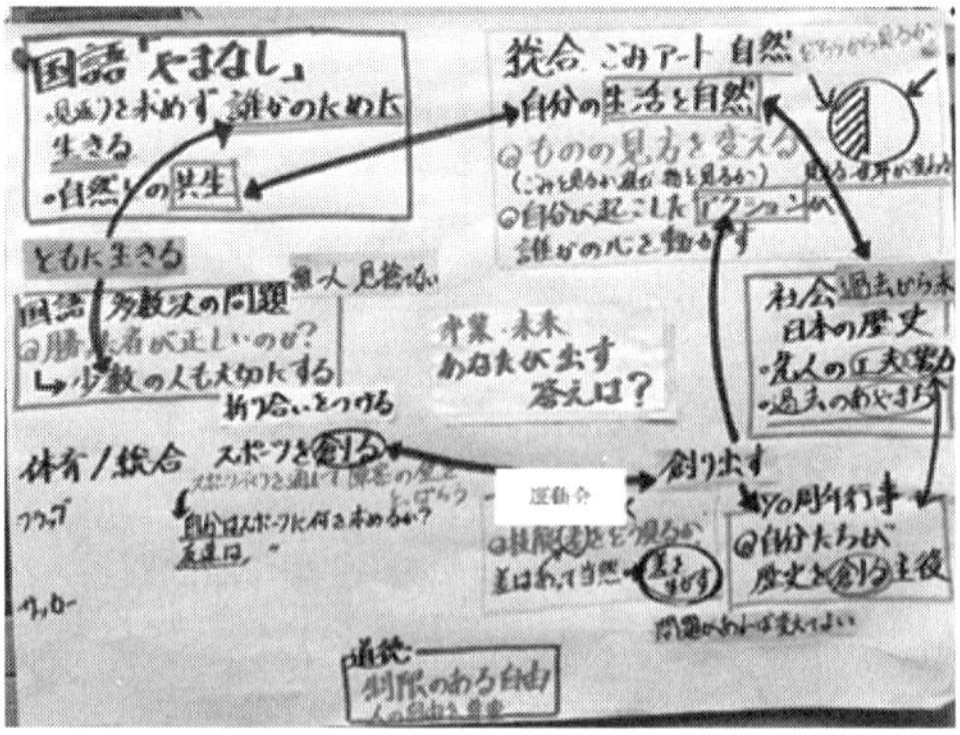

年間を通して学びをつなげる

いらないもの』ではなく、見方を変えれば、『ごみ＝心を豊かにできるもの』に生まれ変われるのではないか」と考え実践しました。

教科がつながるということは、二つのループが回るということです。最初は独自性のループを回していましたが、学習が進むにつれて、二つ目の汎用性、概念形成のループが回り始めました。やがて、二つ目のループが主軸になって、今度はそこから独自性のループを回すことへとつながったのです。

ＡＩとの共存の時代だからこそ、人として今生きているその物語（文脈）に足場を置くことが重要になると感じます。

③デジタル学習において、「デジタルの力でリアルな学びを支える」にはどうするか

【先生方へ】

まず、この「リアルな学び」という言葉のイメージを共有することから始めなければならないと感じています。私としては、リアル＝本物の学びと捉えます。この本物の学びとは、実際に自分が行ったことに対して、相手（もの、こと、人）が何かしらの反応を示す、そして、その反応が自分に直接的に返ってくる、この繰り返しがあることを本物の学びと呼んでいます。次に諮問では「『デジタルかリアルか』、『デジタルか紙か』といった二項対立に陥らず」と述べています。本書でも述べた通り、確かに二項対立ではありません。ただ、それぞれのメリット、デメリットを把握していないと共存はできないと考えています（メリット、デメリットは本書にて詳細を書いたので割愛します）。

このような前提で、「デジタルの力でリアルな学びを支える」という言葉について考えたいと思います。過去の教師たちの実践と研究の蓄積より、デジタルの力を使わないリアルな学びはブラッシュアップされています。先程の総合的な学習の時間「ごみアート」を例に挙げて説明します。子どもはごみ問題の深刻さから、実際に家庭で出されるごみの量を調べ、それらを

持ち寄り、アート作品を制作しました。そして、それらを地域のお祭りで実際に販売しました。地域の方からは「面白いね」といった肯定的な声もあれば、一瞬見ただけで素通りされる方もいます。自分たちが考えた作品に対して、地域の方々から正直な反応をいただくことができたわけです。そして、その反応を生かして、「じゃあ、地域の方にもっと意識してもらえるようにするにはどうすればいいかな」など、次の活動へとつなげていきました。

では、ここにデジタルの強みが重なったとしたら、どのような学びになったでしょうか。例えば、デジタルの強みである「遠隔でつながることができる」を授業に取り入れたとします。きっと子どもたちは「ごみアートを実際に制作している方に自分の作品を見せて、アドバイスをもらいたい」などと発言したことでしょう。そうなると、自分の作品に対して、プロの方がコメント（反応）してくれ、それを基によりよいものを創り出すことになります。ごみアートの作品制作の間に、**もう一つの学びのスパイラル（問い↓試行↓分析↓表現）**が生まれるわけです。

もしくは、デジタルの強みである情報を共有するについて、「アイデアや工夫を言葉や写真を使って共有する」としたらどうなるでしょうか（これは、実際に授業でも試しました）。子どもは作品制作の中で行き詰まることがしばしばありました。イメージはあるのですが、思うように具現化できないわけです。そのようなとき、友達のアイデアをタブレット端末で見ます。すると、そのまま真似をする子も現れ始めましたし、それぞれのアイデアからヒントをもらえたようで、オリジナルの工夫を発明する子も出てきました。困りから、デジタルを通して反応をもらえたわけです。

このように、リアルな学びを直接体験できるものや直に触れられるものといった狭義に留まらせるのではなく、自分の行動によって相手からの反応があり、それが次の自分の行動に生かせるものと捉えたとき、デジタルの可能性は一気に広がります。

【最後に　――　子どもたちへ】

今から30年前、電話を携帯できるなどとは夢にも思っていませんでした。インターネットの世界があることなど、全く想像もできませんでした。しかし、今、それらは当たり前になっています。ということは、これから先の30年後、もしかしたら今は全く想像できないものが当たり前のように登場していることでしょう。30年後の子どもから「え？　そんな物、使っていたの？」と言われているかもしれません。

そのくらい、時代は目まぐるしく変化しています。この変化は一見とても魅力的ですが、変化が速いために生きづらさを感じることもあります。だからこそ、このような時代を思い切り駆け抜け、夢を叶えるためには「自分」を大切にしてもらいたいなと思います。周囲の人々や情報に安易に流されず、誰かと比較しなくても自分自身のことを認められるような生き方をしてほしいのです。それは単なるわがままとは違い、互いのことを尊重し、認め合う中で確立される「自分」という意味です。

そのような生き方をするためには、「自らの力で考え抜くこと」が必要です。自分は何を大切にしようと感じているのか、周囲との関係の中で果たしてどうあるべきなのか、そういう問題を自分の力で考え続けることが必要です。しかし、ただ「考えなさい」と言っても、考えるための材料がなければ、思考することができません。この材料となるものが、皆さんが学校で学ぶ知識や技能であったりします。もしくは、それらをつなげるための方法や考え方なども、この材料に当てはまります。学校の勉強は知っているか・知らないかではなく、「自分」を見つめ直すための考えるきっかけを与えてくれるものです。

先生方は、皆さんが、それぞれの「自分」を大切にし、安心して笑顔で過ごせるようにしたいと心から願っています。しかし、それは先生方や大人だけでは実現できません。皆さんが自分で獲得しなければならないものでもあります。だからこそ、これからの学習は皆さんが主役であり、様々な場面で自ら学びを生み出すことが大切です。未来を切り拓くのは、皆さん自身です。心から応援しています。

おわりに

「先生はいつ、どうやって教育観が変わったのですか」という質問をよく受けます。私の場合、変わったというより「変わらざるを得なかった」と言ったほうがしっくりきます。

それは、目の前の子どもが教えてくれました。若いころの私は、自分がやりたい授業を計画通りに進めたいという気持ちが強くありました。このように考えていた時期は、怖かったのでしょう。子どもからそっぽを向かれる夢を何度も見ました。その不安を克服するために、ますます圧力をかけて子どもを管理するようになっていました。

そんなある日、ある子が「国語で書きたいテーマがあるのに、どうして先生の決めたテーマで書かなきゃいけないんですか」と言いました。私は正直、戸惑いました。素直に「それぞれのテーマでいいよ」と伝えることもできたのですが、教師としてのプライド（他の子の手前、教師の指導はぶれてはいけないという変なプライドです）が邪魔をして「それは駄目です」と伝えてしまいました。そうやって教師の都合を押し付けているうちに、クラスの子どもとの間に心の距離が開いてしまったのです。

心の中で悩みながら過ごしていたある年。私は大学院で学ぶことができました。そこで平野朝久先生（東京学芸大学名誉教授）と出会いました。平野先生から**「はじめに子どもありき」**の考えを教わったとき、「これだ」と思いました。「子どもが乗ってくる手立て」「こうすれば思いやりのある子になるといった指導法」ではなく、私の根幹にある教育観が変わらなければ何も変わらないと痛感したのです。そして、実際に子どもを信じ、共感的に見取ってみると、子どもは実に豊かに学び、もっと伸びたい、もっと生きたいと必死になっていることに気付いたのです。

こうして、私の教育観は少しずつですが、変わってきました。知識として知ることと、子どもの姿を通して実感することの繰り返しによって変わってきたのだと思います。本書は、次期学習指導要領への提言という形で「知識として知ること」はお伝えできたのではないかと思います。あとはそれぞれの読者の方にバトンをお渡しします。「子どもの姿を通して実感すること」をそれぞれの現場で味わってください。本書をきっかけに、全国で子どもと教師の笑顔が増えてくれたら、これほどうれしいことはありません。

最後になりましたが、本書の制作に多大なご支援をいただきました、東洋館出版社の近藤智昭氏には心より感謝申し上げます。

2025年3月　齊藤　慎一

参考文献

・千々布敏弥『先生たちのリフレクション：主体的・対話的で深い学びに近づく、たった一つの習慣』２０２１年　教育開発研究所
・稲垣佳世子、波多野誼余夫『人はいかに学ぶか：日常的認知の世界』１９８９年　中央公論社
・ピーター・M・センゲ、リヒテルズ直子訳『学習する学校：子ども・教員・親・地域で未来の学びを創造する』２０１４年　英治出版
・齊藤慎一『子どもの事実に向き合う』２０２２年　東洋館出版社
・平野朝久『はじめに子どもありき：教育実践の基本』２０１７年　東洋館出版社
・平野朝久『「はじめに子どもありき」の理念と実践』２０２２年　東洋館出版社
・川瀬和也『ヘーゲル哲学に学ぶ考え抜く力』２０２２年　光文社
・川上浩司『不便益のススメ：新しいデザインを求めて』２０１９年　岩波書店
・中央教育審議会　初等中等教育分科会　教育課程部会「教育課程部会における審議のまとめ」２０２１年
・住野好久「授業における学習規律に関する研究」１９９０年　日本教育方法学会紀要「教育方法学研究」第16巻

・石井英真、河田祥司『ＧＩＧＡスクールのなかで「教育の本質を問う」：子ども主語の学びと現場主語の改革へ』２０２２年　日本標準
・平野朝久「オープン教育の立場に立つカリキュラム編成の基礎　教師と学習者によるカリキュラムの作成」１９８８年　東京学芸大学紀要　第一部門　教育科学　第39集
・柴田博仁、大村賢悟「紙と電子メディア：読み書きのパフォーマンス比較」２０１１年　画像電子学会誌、第40巻、第6号
・Yamada M, Sekine M, Tatsuse T. "Paper-based versus digital-based learning among undergraduate medical, nursing, and pharmaceutical students in Japan: a cross-sectional study" *BMJ Open*（２０２４年5月27日オンライン出版）
・波多野文、関根崇泰、篦伊智充ほか「紙ノートとタブレット端末の使用が学習時の認知負荷に及ぼす影響：脳波を用いた検討」２０１５年　一般社団法人 電子情報通信学会技術研究報告　信学技報
・松尾直博、柄本健太郎、永田繁雄、林尚示「『生きる力』とエージェンシー概念の検討―中央教育審議会の答申や学習指導要領を中心に―」２０２０年　東京学芸大学教育実践研究　第16集
・波多野誼余夫、稲垣佳世子『無気力の心理学：やりがいの条件』１９８１年　中央公論社
・走井洋一「生の全体性とキャリア形成」２０１４年　教育思想　東北教育哲学教育史学会
・中央教育審議会諮問「初等中等教育における教育課程の基準等の在り方について」２０２４年

齊藤慎一（さいとう・しんいち）

東京都公立小学校副校長
昭和 55 年東京都生まれ。都内複数の小学校教員を 17 年間勤めて現職。平成 30 年度東京都派遣教員として東京学芸大学教職大学院へ。学習者中心の学びとそれに伴う教師の教育観の研究を行う。全国複数の学校で講師を務める。日本学校教育学会会員、体育授業研究会会員。主な著書に『子どもの事実に向き合う』（東洋館出版社）、『子どもに任せる体育授業』（明治図書出版）、共著に『「はじめに子どもありき」の理念と実践』（東洋館出版社）などがあり、雑誌「体育科教育」（大修館書店）にも執筆。

一教師による
次期学習指導要領への提言

～子どもの文脈に立ち返る～

2025（令和７）年３月７日　初版第１刷発行

著　者　齊藤慎一
発行者　錦織圭之介
発行所　株式会社　東洋館出版社
〒101-0054 東京都千代田区神田錦町２丁目９番１号
コンフォール安田ビル２階
代　表 TEL：03-6778-4343　FAX：03-5281-8091
営業部 TEL：03-6778-7278　FAX：03-5281-8092
振替 00180-7-96823
URL　https://www.toyokan.co.jp

［装　丁］中濱健治
［組　版］株式会社明昌堂
［印刷・製本］株式会社シナノ

ISBN978-4-491-05717-0　Printed in Japan